Cómo usar tu Mochila Esencial de Materiales para la Pausa del Verano

Tu mochila contiene una variedad de materiales para ayudar a que tu hijo aprenda en este verano:

- Un *Libro de actividades para la pausa del verano*
- Tarjetas
- Cuatro libros para lecturas veraniegas de Rourke Educational Media
- Un cuaderno de lecturas de verano (en la parte trasera de esta guía)
- Tres calendarios mensuales (en la parte trasera de esta guía)

Antes de empezar, considera destinar un área de tu casa para las lecturas de verano. Un espacio dedicado a la lectura puede ayudar a motivar a tu hijo, nutrir su creatividad y mejorar su concentración. Deberá tener buena iluminación y un lugar para materiales como lápices, crayones y hojas de papel.

Sigue las pautas indicadas abajo para sacar el máximo provecho a cada parte de tu mochila.

Libro de actividades para la pausa del verano

El libro de actividades es el núcleo del programa de aprendizaje de tu hijo. Contiene dos páginas de actividades divertidas para cada día de la semana durante el verano y sirve de apoyo al desarrollo de habilidades de lengua y literatura, lectura, matemáticas, ciencia, estudios sociales, aptitudes y desarrollo del carácter. Las habilidades que tu hijo aprendió el año anterior son repasadas al inicio del libro. Las habilidades del año que viene son presentadas al final.

Motiva a tu hijo a que haga uso de las herramientas adicionales del libro de actividades. Corta las tarjetas que se encuentran al final del libro y únelas con un aro o guárdalas en una bolsa con cierre para que puedas llevarlas contigo. Deja que tu hijo use una calcomanía de estrellita para mostrar que completó las actividades de cada día.

Tarjetas

Usa estas útiles tarjetas para practicar habilidades de aprendizaje importantes. Llévalas contigo cuando viajes o salgas a hacer compras. Consulta la tarjeta de fuentes que está en la caja para obtener ideas de juegos y actividades.

Libros para lecturas veraniegas

Incluye cuatro atractivos libros, seleccionados especialmente para la edad de tu hijo: dos de no ficción y dos de ficción. ¡Permite que estos libros sean el inicio de un verano lleno de lecturas placenteras y divertidas para tu hijo!

Juntos, lean los libros, asegurándote de que tu hijo aprenda cada palabra. Luego, anímalo a que los lea una y otra vez durante el verano. En cada libro, busca al frente las páginas de *Conexiones entre escuela y casa*. Ofrecen consejos para ayudar a tu hijo a aprender antes y durante la lectura.

Mira la contratapa del libro para encontrar preguntas para el intercambio de ideas, así como una actividad para llevar a cabo después de la lectura. En las páginas 3 a 6 de esta guía del usuario, encuentra aún más consejos para ayudar a tu hijo a aprender leyendo. Estas ideas pueden ser usadas con cualquier libro que tu hijo quiera leer. Incrementarán su compromiso con la lectura y lo ayudarán a maximizar el beneficio y disfrute de las lecturas veraniegas.

Cuaderno de lecturas de verano

Encuentra este cuaderno de fácil uso en la última página de esta guía del usuario. Quizá sea buena idea desprenderlo y colocarlo en un lugar conveniente. Úsalo para dar seguimiento a las lecturas de tu hijo durante el verano, duplicando las páginas según sea necesario. Puedes usarlo también para registrar el progreso hacia un objetivo de lectura, tal como leer 20 libros durante el verano.

Leer por placer es una de las mejores maneras en que tu hijo puede desarrollar habilidades de pensamiento. Visita la biblioteca más cercana con frecuencia y anima a tu hijo a leer todos los días. Encuentra sugerencias de lecturas en el *Libro de actividades para la pausa del verano* a partir de la página viii.

Calendarios mensuales

Las tres páginas con calendarios al final de esta guía del usuario corresponden aproximadamente a los tres meses de una vacación de verano típica. Podrías pegar cada calendario en el refrigerador o en cualquier otro lugar conveniente.

Los calendarios incluyen sugerencias de actividades para el aprendizaje para cada día del verano. Anima a tu hijo a hacer tantas como le sean posibles. Trata de dedicar al menos 15 minutos cada día a actividades de aprendizaje. Esto ayudará a tu hijo a mantener sus aptitudes y prepararlo para el próximo año escolar.

¡Nadie conoce mejor a tu hijo que tú! No dudes en modificar el número o tipo de actividades para adecuarlas a sus necesidades. Está bien si lo ayudas o si se toman un descanso y retoman la actividad otro día. Usa tu creatividad para hacerla más o menos difícil, para incluirla en un proyecto divertido o para conectarla con la vida de tu hijo.

¡Comencemos! ¡Tu hijo está por iniciar un verano lleno de diversión y aprendizaje!

Leer obras de ficción es una gran manera de hacer que tu hijo use su imaginación, ejercite el pensamiento y las habilidades de solución de problemas y crezca su capacidad de empatía con gente diferente.

Encuentra sugerencias de libros de ficción adecuados para su edad e intereses en el *Libro de actividades para la pausa del verano* a partir de la página viii.

Usa las ideas de las secciones siguientes para fortalecer su compromiso con y aprendizaje de cada libro que tu hijo quiera leer.

ANTES DE LEER

Vista previa

Mira el libro y haz que tu hijo se emocione por leerlo. Habla de la imagen de la tapa. Lee la sinopsis de la contratapa junto con tu hijo. Toma el libro y hojéalo. ¿Tiene capítulos? ¿Ilustraciones? ¿Es más largo o más corto que otros libros que tu hijo suela leer?

Conecta

Pide a tu hijo que piense cómo se relaciona el cuento con sus propias experiencias. ¿El personaje principal es más joven o más viejo que él/ella? ¿Los lugares mostrados son familiares o desconocidos? ¿Los personajes podrían encontrarse en situaciones por las que tu hijo ha pasado?

Activa los conocimientos que tu hijo pueda tener sobre el contexto. Por ejemplo, si el cuento es sobre aprender a nadar, pide a tu hijo que recuerde sus propias experiencias en el agua.

Haz predicciones

Pregunta a tu hijo qué piensa que puede ocurrir en el cuento. Rétalo a darte razones sobre sus predicciones.

DURANTE LA LECTURA

Detente y revisa

Cuando tu hijo se encuentre con una palabra desconocida, anímalo a que haga una pausa e intente diversas estrategias para desentrañar su significado. Lean de nuevo el texto alrededor de esa palabra para encontrar pistas sobre su significado. Habla con alguien acerca del significado de esa palabra. Busquen la palabra en el glosario del libro o en el diccionario.

Haz un pausa y predicciones

Ocasionalmente, pide a tu hijo que se detenga en la lectura y piense acerca del cuento. ¿Qué ha sucedido hasta ahora? ¿Qué dificultades enfrentan los personajes? ¿Qué decisiones piensa tu hijo que tomarán? Anima a tu hijo a razonar sobre sus predicciones usando evidencias de otras partes del cuento.

Identifica los elementos del cuento

Conforme tu hijo lee y comenta el cuento, motívalo a usar la terminología relacionada con la ficción.

¿Cuáles son los *personajes* de este cuento? ¿Cuáles son los *rasgos* de los personajes?

¿Cuál es el *escenario* del cuento? ¿El escenario es importante para el cuento, o podría llevarse a cabo en cualquier lugar?

¿Qué sucesos ocurren al *incio*, la *mitad* y el *final*? ¿Por qué o cómo ocurre cada *suceso*?

¿Cuál es el *conflicto* que el personaje principal enfrenta? ¿Qué dice o hace para resolver el conflicto?

Verifica la comprensión

Haz preguntas para verificar su comprensión del cuento. Haz preguntas básicas (por ejemplo: ¿cómo se escapó la jirafa del zoológico?), así como preguntas que requieren un pensamiento más complejo (por ejemplo: ¿cómo se sentía el personaje en la fiesta?). Si el libro incluye preguntas diseñadas para verificar la comprensión de lectura, úsalas con tu hijo.

Intercambia ideas

Habla acerca del cuento con tu hijo. ¿Cómo se sintió con el final? ¿Qué dudas le dejó? ¿Tu hijo está de acuerdo o en desacuerdo con las decisiones del personaje principal? Pide a tu hijo que recuerde sus partes preferidas del cuento y describa por qué son memorables o significativas. Si el libro incluye preguntas para la discusión, úsalas.

Amplía

Motiva a tu hijo a que amplíe el disfrute del cuento al conectarlo con un proyecto, actividad o exploración divertidos. Sé creativo y aporta tus propias ideas, o prueba alguna de estas:

- Escribe un final diferente.
- Haz un cómic o una novela gráfica basada en el cuento.
- Actúa una escena del cuento.
- Haz una línea del tiempo con los principales sucesos del cuento.
- Escribe un correo electrónico al autor para decirle lo que te gustó del cuento y lo que aprendiste de él.

Leer no ficción representa una forma ideal de lograr que tu hijo adquiera conocimientos fascinantes sobre el mundo, ejercite sus habilidades de pensamiento crítico y practique la lectura como adquisición de información, una habilidad que usará toda su vida en un mundo cada vez más complejo.

Encuentra sugerencias de libros de no ficción adecuados para su edad e intereses en el *Libro de actividades para la pausa del verano* a partir de la página viii.

Usa las ideas de las secciones siguientes para fortalecer su compromiso con y aprendizaje de cada libro de no ficción que tu hijo quiera leer.

ANTES DE LEER

Vista previa
Mira el libro y haz que tu hijo se emocione por leerlo. Habla de la imagen de la tapa. Lee la sinopsis de la contratapa junto con tu hijo. Toma el libro y hojéalo. ¿Tiene capítulos? ¿Imágenes? ¿Es más largo o más corto que otros libros que tu hijo suela leer?

Haz predicciones
Pregunta a tu hijo de qué piensa que tratará el libro. ¿Qué tipo de hechos incluye? ¿Qué preguntas responderá? Rétalo a darte razones sobre sus predicciones.

Conecta
Pide a tu hijo que te diga cómo se relaciona el tema del libro con sus propios conocimientos o experiencias. ¿El libro le da información sobre un tema del que ya sabe mucho? Si es así, ¿qué nuevas cosas espera aprender? ¿El tema incluye gente, lugares o cosas que no le son familiares? Si es así, ¿qué espera aprender?

Ya sea que el tema resulte familiar o desconocido, activa los conocimientos que tu hijo pueda tener al respecto. Por ejemplo, si el libro es sobre la *Estación Espacial Internacional*, pídele que recuerde lo que sabe sobre el tema.

DURANTE LA LECTURA

Detente y revisa
Cuando tu hijo se encuentre con una palabra desconocida, anímalo a que haga una pausa e intente diversas estrategias para desentrañar su significado. Lean de nuevo el texto alrededor de esa palabra para encontrar pistas sobre su significado. Hablen con alguien acerca del significado de esa palabra. Busquen la palabra en el glosario del libro o en el diccionario.

Haz un pausa y predicciones
Ocasionalmente, pide a tu hijo que se detenga en la lectura y piense acerca del libro. ¿Qué dudas sobre el tema han sido respondidas hasta el momento y cuáles quedan aún sin respuesta? ¿Qué información piensa tu hijo que encontrará más adelante? Anima a tu hijo a razonar sobre sus predicciones usando evidencias de otras partes del libro.

Identifica la información relevante

Conforme tu hijo lee y comenta el libro, motívalo a usar la terminología relacionada con la no ficción.

¿Cuál es la *idea principal* del libro? ¿Qué es lo que el autor más desea que entiendas y recuerdes?

¿Qué *hechos* e *informaciones* son mencionados para respaldar la idea principal?

¿Qué *características de texto* incluye? ¿El libro tiene fotografías o ilustraciones con *pies de foto*, palabras en *negritas*, un *índice*, *encabezados* de capítulos y secciones o un *glosario*? ¿Cómo ayudan estas características a usar el libro y entender el tema?

DESPUÉS DE LA LECTURA

Verifica la comprensión

Haz preguntas para verificar su comprensión del libro. Haz preguntas básicas (por ejemplo: ¿cuántos planetas hay en nuestro sistema solar?), así como preguntas que requieren un pensamiento más complejo (por ejemplo: ¿en qué se parecen una ardilla y un conejo?). Si el libro incluye preguntas diseñadas para verificar la comprensión de lectura, úsalas con tu hijo.

Intercambia ideas

Habla acerca del libro con tu hijo. ¿Qué aprendió sobre el tema? ¿Qué más quiere aprender al respecto? ¿Cómo pueden encontrar las respuestas a sus preguntas? Desafía a tu hijo a mencionarte tres hechos y tres opiniones acerca del tema, asegurándote de que distinga entre hecho y opinión. Si el libro incluye preguntas para la discusión, úsalas.

Amplía

Motiva a tu hijo a que amplíe el disfrute del libro al conectarlo con un proyecto, actividad o exploración divertidos. Sé creativo y aporta tus propias ideas, o prueba alguna de estas:

- Haz un podcast o video breves acerca del libro.
- Haz dibujos, cuadros o gráficas simples para mostrar información del libro.
- Escribe un artículo periodístico sobre el libro.
- Escribe una canción sobre algunos hechos contenidos en el libro.
- Visita un museo o lugar similar para aprender más sobre el tema.

Sección 1: calendario

Este calendario contiene sugerencias de actividades para cada día de la semana durante el primer mes de las vacaciones de verano. ¡No olvides apuntar tus lecturas en el *Cuaderno de lecturas de verano*!

Día 1	Día 2	Día 3	Día 4	Día 5
Páginas del día 1. Completa las METAS MENSUALES. ¡Lee! Comparte con un amigo o familiar algo que hayas aprendido.	Páginas del día 2. Completa una actividad de APTITUDES VELOZ. ¡Lee! Haz una conexión entre algo del libro y algo de tu vida.	Páginas del día 3. Usa las tarjetas para mantener tus habilidades afinadas. ¡Lee! Haz un dibujo que se relacione con el libro.	Páginas del día 4. Completa una actividad de REVISIÓN DEL CARÁCTER. ¡Lee! Detente y haz una sinopsis para un amigo o familiar de lo que has leído hasta el momento.	Páginas del día 5. Completa una actividad EXTRA. ¡Lee! Escoge una página que te guste y léesela en voz alta a un amigo o familiar.
Día 6	**Día 7**	**Día 8**	**Día 9**	**Día 10**
Páginas del día 6. Completa una actividad de APTITUDES VELOZ. ¡Lee! Haz una conexión entre algo que aparece en el libro que estás leyendo con otro que hayas leído.	Páginas del día 7. Muestra a un familiar algo que hayas hecho en tu libro de actividades. ¡Lee! Predice qué más menciona el libro.	Páginas del día 8. Completa una actividad de REVISIÓN DEL CARÁCTER. ¡Lee! Escribe tus reflexiones y sentimientos sobre el libro en un diario.	Páginas del día 9. Usa las tarjetas para mantener tus habilidades afinadas. ¡Lee! Lee en voz alta una página como si fueras un presentador de noticias o un actor.	Páginas del día 10. Completa una actividad EXTRA. ¡Lee! Haz un dibujo que se relacione con el libro.
Día 11	**Día 12**	**Día 13**	**Día 14**	**Día 15**
Páginas del día 11. Explica a un familiar algo que hayas aprendido en la escuela el año pasado. ¡Lee! Detente y haz una sinopsis para un amigo o familiar de lo que has leído hasta el momento.	Páginas del día 12. Usa las tarjetas para mantener tus habilidades afinadas. ¡Lee! Escoge una página que te guste y léesela en voz alta a un amigo o familiar.	Páginas del día 13. Completa una actividad de APTITUDES VELOZ. ¡Lee! Busca una palabra en el diccionario.	Páginas del día 14. Completa una actividad de REVISIÓN DEL CARÁCTER. ¡Lee! Haz una conexión entre algo del libro y algo de tu vida.	Páginas del día 15. Completa una actividad EXTRA. ¡Lee! Comparte con un amigo o familliar algo que hayas aprendido.
Día 16	**Día 17**	**Día 18**	**Día 19**	**Día 20**
Páginas del día 16. Completa una actividad de REVISIÓN DEL CARÁCTER. ¡Lee! Escribe tus reflexiones y sentimientos sobre el libro en un diario.	Páginas del día 17. Completa una actividad de APTITUDES VELOZ. ¡Lee! Haz una conexión entre algo que aparece en el libro que estás leyendo con otro que hayas leído.	Páginas del día 18. Usa las tarjetas para mantener tus habilidades afinadas. ¡Lee! Predice qué más menciona el libro.	Páginas del día 19. Realiza una actividad EXTRA. ¡Lee! Busca una palabra en el diccionario.	Páginas del día 20. ¡Lee! Lee en voz alta una página como si fueras un presentador de noticias o un actor. ¡Recibe una recompensa! Podría ser un dulce o una actividad divertida en familia.

Sección 2: calendario

Este calendario contiene sugerencias de actividades para cada día de la semana durante el segundo mes de las vacaciones de verano. ¡No olvides apuntar tus lecturas en el *Cuaderno de lecturas de verano*!

Día 1	Día 2	Día 3	Día 4	Día 5
Páginas del día 1. Completa las METAS MENSUALES. ¡Lee! Comparte con un amigo o familiar algo que hayas aprendido.	Páginas del día 2. Completa una actividad de APTITUDES VELOZ. ¡Lee! Haz una conexión entre algo del libro y algo de tu vida.	Páginas del día 3. Usa las tarjetas para mantener tus habilidades afinadas. ¡Lee! Usa plastilina o juguetes de construcción para hacer algo que podría aparecer en el libro.	Páginas del día 4. Completa una actividad de REVISIÓN DEL CARÁCTER. ¡Lee! Detente y haz una sinopsis para un amigo o familiar de lo que has leído hasta el momento.	Páginas del día 5. Completa una actividad EXTRA. ¡Lee! Escoge una página que te guste y léesela en voz alta a un amigo o familiar.
Día 6	**Día 7**	**Día 8**	**Día 9**	**Día 10**
Páginas del día 6. Completa una actividad de APTITUDES VELOZ. ¡Lee! Haz una conexión entre algo que aparece en el libro que estás leyendo con otro que hayas leído.	Páginas del día 7. Muestra a un familiar algo que hayas hecho en tu libro de actividades. ¡Lee! Predice qué más menciona el libro.	Páginas del día 8. Completa una actividad de REVISIÓN DEL CARÁCTER. ¡Lee! Escribe tus reflexiones y sentimientos sobre el libro en un diario.	Páginas del día 9. Usa las tarjetas para mantener tus habilidades afinadas. ¡Lee! Lee en voz alta una página como si fueras un presentador de noticias o un actor.	Páginas del día 10. Completa una actividad EXTRA. ¡Lee! Haz un dibujo que se relacione con el libro.
Día 11	**Día 12**	**Día 13**	**Día 14**	**Día 15**
Páginas del día 11. Explica a un familiar algo que quieras aprender en la escuela el próximo año. ¡Lee! Escribe un capítulo que haga falta o un final alternativo para tu libro.	Páginas del día 12. Usa las tarjetas para mantener tus habilidades afinadas. ¡Lee! Escoge una página que te guste y léesela en voz alta a un amigo o familiar.	Páginas del día 13. Completa una actividad de APTITUDES VELOZ. ¡Lee! Busca una palabra en el diccionario.	Páginas del día 14. Completa una actividad de REVISIÓN DEL CARÁCTER. ¡Lee! Con ayuda de un adulto, escribe una reseña en línea del libro.	Páginas del día 15. Completa una actividad EXTRA. ¡Lee! Comparte con un amigo o familiar algo que hayas aprendido.
Día 16	**Día 17**	**Día 18**	**Día 19**	**Día 20**
Páginas del día 16. Completa una actividad de REVISIÓN DEL CARÁCTER. ¡Lee! Escribe tus reflexiones y sentimientos sobre el libro en un diario.	Páginas del día 17. Completa una actividad de APTITUDES VELOZ. ¡Lee! Haz una conexión entre algo que aparece en el libro que estás leyendo con otro que hayas leído.	Páginas del día 18. Usa las tarjetas para mantener tus habilidades afinadas. ¡Lee! Predice dos cosas más que mencionará el libro.	Páginas del día 19. Realiza una actividad EXTRA. ¡Lee! Busca una palabra en el diccionario.	Páginas del día 20. ¡Lee! Lee en voz alta una página como si fueras un presentador de noticias o un actor. ¡Recibe una recompensa! Podría ser un dulce o una actividad divertida en familia.

Sección 3: calendario

Este calendario contiene sugerencias de actividades para cada día de la semana durante el último mes de las vacaciones de verano. ¡No olvides apuntar tus lecturas en el *Cuaderno de lecturas de verano*!

Día 1	Día 2	Día 3	Día 4	Día 5
Páginas del día 1. Completa las METAS MENSUALES. ¡Lee! Comparte con un amigo o familiar algo que hayas aprendido.	Páginas del día 2. Completa una actividad de APTITUDES VELOZ. ¡Lee! Compara algo que te haya sucedido con algo que esté en el libro.	Páginas del día 3. Usa las tarjetas para mantener tus habilidades afinadas. ¡Lee! Haz un mapa o gráfico para ilustrar el libro.	Páginas del día 4. Completa una actividad de REVISIÓN DEL CARÁCTER. ¡Lee! Detente y haz una sinopsis para un amigo o familiar de lo que has leído hasta el momento.	Páginas del día 5. Completa una actividad EXTRA. ¡Lee! Escoge una página que te guste y léesela en voz alta a un amigo o familiar.
Día 6	**Día 7**	**Día 8**	**Día 9**	**Día 10**
Páginas del día 6. Completa una actividad de APTITUDES VELOZ. ¡Lee! Haz una conexión entre algo que aparece en el libro que estás leyendo con otro que hayas leído.	Páginas del día 7. Muestra a un familiar algo que hayas hecho en tu libro de actividades. ¡Lee! Predice dos cosas más que aparecerán en el libro.	Páginas del día 8. Completa una actividad de REVISIÓN DEL CARÁCTER. ¡Lee! Escribe tus reflexiones y sentimientos sobre el libro en un diario.	Páginas del día 9. Completa una actividad de APTITUDES VELOZ. ¡Lee! Lee en voz alta una página como si fueras un presentador de noticias o un actor.	Páginas del día 10. Completa una actividad EXTRA. ¡Lee! Escribe o dibuja un sueño que se relacione con el libro.
Día 11	**Día 12**	**Día 13**	**Día 14**	**Día 15**
Páginas del día 11. Piensa en tres metas de aprendizaje que tengas para el próximo año escolar. ¡Lee! Escribe un capítulo que haga falta o un final alternativo para tu libro.	Páginas del día 12. Usa las tarjetas para mantener tus habilidades afinadas. ¡Lee! Con ayuda de un adulto, escribe un correo electrónico al autor.	Páginas del día 13. Completa una actividad de APTITUDES VELOZ. ¡Lee! Busca una palabra en el diccionario.	Páginas del día 14. Completa una actividad de REVISIÓN DEL CARÁCTER. ¡Lee! Haz un separador de libros que contenga tres dudas que te haya dejado el libro.	Páginas del día 15. Completa una actividad EXTRA. ¡Lee! Comparte con un amigo o familiar algo que hayas aprendido.
Día 16	**Día 17**	**Día 18**	**Día 19**	**Día 20**
Páginas del día 16. Completa una actividad de REVISIÓN DEL CARÁCTER. ¡Lee! Escribe tus reflexiones y sentimientos sobre el libro en un diario.	Páginas del día 17. Completa una actividad de APTITUDES VELOZ. ¡Lee! Haz una conexión entre algo que aparece en el libro que estás leyendo con otro que hayas leído.	Páginas del día 18. Usa las tarjetas para mantener tus habilidades afinadas. ¡Lee! Compara el libro con el mejor libro que hayas leído.	Páginas del día 19. Realiza una actividad EXTRA. ¡Lee! Busca una palabra en el diccionario.	Páginas del día 20. ¡Lee! Califica todos los libros que leíste este verano en una escala del 1 al 5. ¡Recibe una recompensa de final del verano! Podría ser un dulce o una actividad divertida en familia.

Cuaderno de lecturas de verano

Nombre:_______________________

Fecha	Título del libro	Minutos de lectura	Iniciales del adulto

SP Summer Bridge Essentials User Guide 2-3

REMWIP-0238

Escribe > *mayor que* (greater than), < *menor que* (less than) o = *igual a* (equal to) para comparar cada expresión.

EJEMPLO:

7 + 7 (<) 15

8 + 6 (=) 14

15 (>) 1 + 9

1. 9 + 7 ( ) 16

13 – 4 ( ) 10

4 + 6 ( ) 9

2. 7 + 9 ( ) 18

17 – 9 ( ) 8

14 – 4 ( ) 10

3. 8 + 9 ( ) 9 + 8

11 – 4 ( ) 6 + 2

16 – 4 ( ) 3 + 10

4. 5 + 8 ( ) 6 + 7

12 – 6 ( ) 6 + 6

10 + 1 ( ) 4 + 7

5. 15 – 5 ( ) 13 – 4

18 – 8 ( ) 8 + 8

11 + 1 ( ) 6 + 6

Subraya la *raíz* (root word) de cada palabra que aparece a continuación. A continuación, escribe la definición de la palabra.

un– = not	dis– = not, opposite of
re– = again	pre– = before

6. disobey = _______________

7. reappear = _______________

8. unlucky = _______________

9. dishonest = _______________

10. preorder = _______________

11. unsafe = _______________

12. rewrite = _______________

13. precook = _______________

Lee el párrafo. A continuación, encierra en un círculo la respuesta que indique de qué trató

Birds

All birds are alike in some ways and different in others. They all have wings, but not all of them fly. Some are tame, and some are wild. Some birds sing. Some talk. Some are gentle. Others are not so gentle. Some birds fly very high and far. Others do not. Some birds are colorful while others are plain.

14.   A.   Some birds are tame. Others are not.

B.   All birds are strange and colorful.

C.   Birds are alike and different from each other.

Estiramiento y deslizamiento de medusa

¡Es hora de mejorar tu flexibilidad! Imagina que eres una medusa con largos tentáculos. Muévete por la habitación. Imagina que te deslizas por el océano. Estira los brazos desde los hombros hasta las muñecas. Flexiona cada dedo. Mueve las piernas suavemente desde las caderas hasta los dedos de los pies. Mueve el vientre, la espalda y el pecho de izquierda a derecha y de adelante hacia atrás. Piensa en cómo te estás moviendo. Debes estirar lentamente varias partes del cuerpo a la vez. Escucha música suave o algunos sonidos del océano mientras te deslizas hacia una mayor flexibilidad.

PRUEBA DE CARÁCTER: ¿Cuál de los buenos modales crees que es el más importante?

* Ve la página ii.

COLOCA UNA ESTRELLA AQUÍ.

Resuelve cada problema.

1. Kara tenía 43 flores. Vendió 9. ¿Cuántas flores le quedaron?

2. Alexander puede nadar 14 vueltas en una hora. ¿Cuántas vueltas puede nadar en dos horas?

3. Michael tiene 54 autos de juguete y Todd tiene 22 autos de juguete. ¿Cuántos autos más tiene Michael que Todd?

4. Tisha tiene 19 osos de peluche. Brittany tiene 16 muñecas y Shelby tiene 8 yo-yos. ¿Cuántos juguetes tienen las niñas en total?

5. Nora tiene un pedazo de cuerda que mide 57 cm. Ella corta 23 cm. ¿Cuánto le queda de cuerda?

6. Malia mide 54 pulgadas. Su hermana pequeña mide 48 pulgadas. ¿Cuánto más mide Malia que su hermana?

7. Un edificio del centro de la ciudad mide 68 metros de altura. Un edificio cercano mide 85 metros de altura. Si se apilaran los dos edificios ¿qué altura tendrían

8. Michael tiene tres gatos. El primero pesa 8 libras, el segundo pesa 14 libras y el tercero pesa 17 libras. ¿Cuánto pesan sus gatos en total?

DÍA 16

Lee el párrafo. A continuación, responde las preguntas.

The Water Cycle

All water on Earth is part of the same cycle. Water starts out in oceans, lakes, and streams. When the sun heats the water, drops of water rise into the air. Water in this form is called *water vapor*. As the air cools, water droplets form clouds. When the clouds become too heavy with water, they produce rain, sleet, hail, or snow. The water falls back to Earth. Some of the water goes into the soil, where it helps plants grow. Some of the water falls into oceans, lakes, and streams. Then, the water cycle begins again. The next time you drink a glass of water, think about where it came from.

9. What is the main idea of this passage?

    A.   All water on Earth moves through a cycle.

    B.   Think about where your glass of water came from.

    C.   Rain moves water back to Earth.

10. Where does the water cycle begin? _______________________________________

11. What happens when the sun heats the water? _______________________________

____

12. When do water droplets form clouds? ____________________________________

13. What happens when the clouds become too heavy with water? ______________

____

14. What was the author's purpose for writing this passage? _________________

____

DATO: El ojo de un avestruz es más grande que su cerebro.

Suma o resta para resolver cada problema.

1. $\begin{array}{r}84\\-42\\\hline\end{array}$	2. $\begin{array}{r}37\\-13\\\hline\end{array}$	3. $\begin{array}{r}69\\+20\\\hline\end{array}$	4. $\begin{array}{r}18\\-\ 4\\\hline\end{array}$	5. $\begin{array}{r}57\\+21\\\hline\end{array}$
6. $\begin{array}{r}28\\-16\\\hline\end{array}$	7. $\begin{array}{r}24\\-11\\\hline\end{array}$	8. $\begin{array}{r}10\\-10\\\hline\end{array}$	9. $\begin{array}{r}23\\+12\\\hline\end{array}$	10. $\begin{array}{r}26\\+22\\\hline\end{array}$
11. $\begin{array}{r}43\\+43\\\hline\end{array}$	12. $\begin{array}{r}91\\+\ 6\\\hline\end{array}$	13. $\begin{array}{r}15\\-\ 9\\\hline\end{array}$	14. $\begin{array}{r}12\\+\ 2\\\hline\end{array}$	15. $\begin{array}{r}49\\-38\\\hline\end{array}$

Los *pronombres reflexivos* (reflexive pronouns) son pronombres especiales que terminan con *-self* o *-selves*. Encierra en un círculo el pronombre reflexivo de cada oración.

16. I told myself that we would have fun, even if it rained.

17. The children were pleased with themselves for finding the hidden treasure.

18. George made himself a tasty sandwich.

19. The puppy startled itself when it looked in the mirror.

20. After working all week, Ms. Hayes gave herself the morning off.

21. Did you give yourself a haircut?

DÍA 17

Lee las historias. Decide qué ocurrirá a continuación. Luego, encierra en un círculo la letra que aparezca junto a la respuesta.

22. Amy was eating ice cream. Bethany bumped into Amy. What will happen next?

    A. Amy will drink some milk.

    B. Bethany will apologize.

    C. Amy will laugh.

23. Cody was playing tennis with Adam. The sun was very hot. The boys' faces were getting too much sun. What will happen next?

    A. Adam and Cody will go inside.

    B. Cody will walk to the pool.

    C. Cody and Adam will get cold.

Juntas, en inglés, las letras *ph* forman el sonido /f/. Lee las oraciones. A continuación, escribe la palabra correcta del banco de palabras para completar cada oración.

alphabet	amphibian	elephants	phone

24. What is your ________________________ number?

25. We saw ________________________ at the zoo.

26. Omar wrote the letters of the ________________________ .

27. A frog is an ________________________ .

* Ve la página ii.

36

Suma para hallar cada adición. Reagrupa cuando sea necesario.

1. 324
   +125

2. 973
   + 24

3. 477
   +112

4. 206
   +132

5. 384
   + 88

6. 420
   +337

7. 688
   +125

8. 621
   +126

9. 442
   +362

10. 175
    +113

11. 767
    +104

12. 603
    +292

13. 398
    + 9

14. 300
    +500

15. 525
    +157

Añade el prefijo *un-* o *re-* a cada palabra. A continuación, escribe el significado de cada palabra nueva.

16. sure _______________

17. happy _______________

18. able _______________

19. write _______________

20. tell _______________

21. print _______________

DÍA 18

¿Crees que se debería permitir a los adultos hablar por teléfono mientras conducen? Expresa tu opinión y respáldala con buenas razones. Procura escribir en inglés.

____

____

____

____

____

Dibuja las manecillas de cada reloj para indicar la hora correcta.

22.
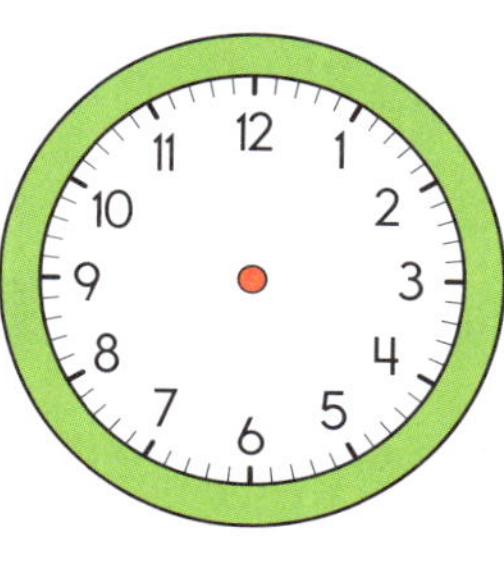
9:25

23.
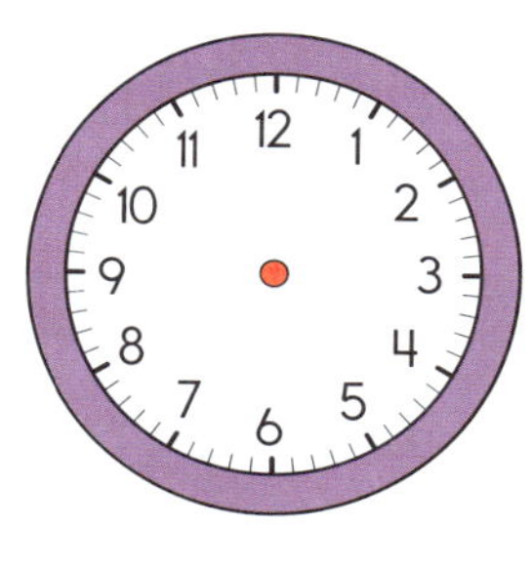
5:05

24.
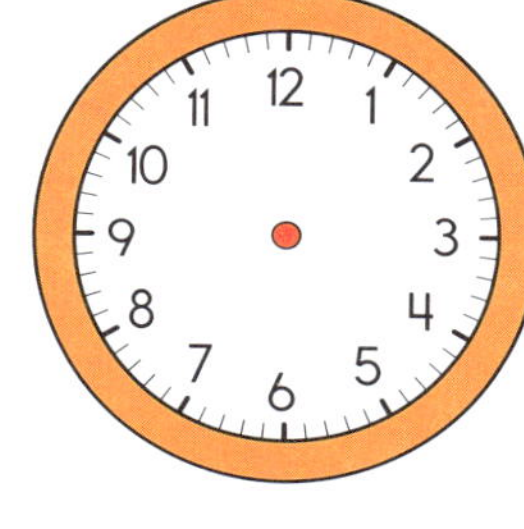
6:35

25.

4:50

una hora más tarde

_______:_______

26.

11:10

una hora más tarde

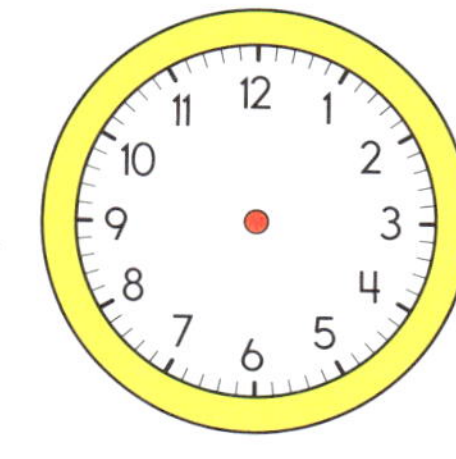
_______:_______

DATO: Las almendras pertenecen a la misma familia de plantas que los duraznos y las rosas.

COLOCA UNA ESTRELLA AQUÍ.

Resta para encontrar cada diferencia. Reagrupa cuando sea necesario.

1. $\begin{array}{r}724\\-126\\\hline\end{array}$	2. $\begin{array}{r}410\\-310\\\hline\end{array}$	3. $\begin{array}{r}833\\-251\\\hline\end{array}$	4. $\begin{array}{r}978\\-165\\\hline\end{array}$	5. $\begin{array}{r}811\\-704\\\hline\end{array}$
6. $\begin{array}{r}701\\-223\\\hline\end{array}$	7. $\begin{array}{r}583\\-161\\\hline\end{array}$	8. $\begin{array}{r}900\\-140\\\hline\end{array}$	9. $\begin{array}{r}683\\-611\\\hline\end{array}$	10. $\begin{array}{r}896\\-840\\\hline\end{array}$

Lee la historia. A continuación, responde las preguntas.

Spilled Milk

A young farmer was going to town to sell her cow's milk. It was a long walk. She amused herself by thinking of what she would do with the money she earned. "I'll buy some laying hens from Farmer Brown," she thought. "And then, I'll sell the eggs they lay to the parson's wife. And with the money I make from the eggs, I'll buy a new dress and a hat to match!"

The farmer was very pleased with the idea of herself in fancy new clothes. "Won't the other girls be jealous?" she imagined. Thinking of this, she tossed her head and spilled the entire pail of milk.

11. What is the moral of this story?

    A. One good turn deserves another.

    B. Look before you leap.

    C. Don't count your chickens before they hatch.

12. What is the purpose of a fable?

    A. to change the reader's mind about something

    B. to teach a lesson

    C. to give directions

DÍA 19

Lee el poema. A continuación, responde las preguntas.

My Shadow

I have a little shadow that goes in and out with me,

And what can be the use of him is more than I can see.

He is very, very like me from the heels up to the head;

And I see him jump before me, when I jump into my bed.

– Robert Louis Stevenson

13. What does the boy's shadow do when he jumps into bed? _______________

____

14. Who does the boy's shadow look like? _______________________

15. Where does the boy's shadow go? _______________________

____

16. Clap as you read the poem. Does it have a steady beat? Why? _____________

____

Lee cada palabra. A continuación, encierra en un círculo la letra o letras que no suenen.

17. wrist

18. thumb

19. knee

20. knot

21. knight

22. comb

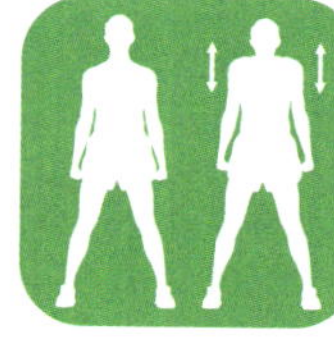

ACONDICIONAMIENTO FÍSICO:
Haz 10 encogimientos de hombros.

* Ve la página ii.

Suma o resta para resolver cada problema. Reagrupa cuando sea necesario.

1. 521
   −132

2. 832
   + 23

3. 153
   +210

4. 612
   −224

5. 638
   −532

6.   34
   +25

7. 288
   + 13

8. 508
   −305

9. 374
   +231

10. 544
   +234

11. 872
   +121

12. 688
   +102

13. 912
   + 87

14. 400
   +500

15. 548
   +292

Escribe cada verbo en la escalera correcta.

EJEMPLO:

blew   know

blow   laugh

find   laughed

found   wear

flew   wore

fly   ~~write~~

knew   ~~wrote~~

DÍA 20

Lee cada oración. Escribe *R* si la oración dice algo que sea real. Escribe *F* si la oración cuenta algo que sea una fantasía.

16. _________ Jennifer wears a watch on her nose.

17. _________ A robin flew to the branch in the tree.

18. _________ Roberto helped his father paint the fence.

19. _________ Danielle heard two trees talking.

20. _________ Kyle eats his lunch with a hammer and a saw.

21. _________ Kayla has two pillows on her bed.

22. _________ Birds use their beaks to fly.

23. _________ Derek lost a baby tooth last night.

24. _________ That cow is driving a bus!

25. _________ The moose gave the frog a cookie.

Imagina que estás diseñando una camiseta para un equipo deportivo, un club escolar o un evento especial. A continuación, dibuja y colorea tu camiseta en una hoja aparte. Escribe un párrafo sobre tu camiseta.

____

____

____

____

____

PRUEBA DE CARÁCTER: Haz una lista de tres cosas que puedes hacer para calmarte cuando estés enojado.

COLOCA UNA ESTRELLA AQUÍ.

El globo imposible

¿Puedes inflar un globo en una botella?

Materiales:
- globo
- botella de plástico (2 litros)

Procedimiento:
En compañía de un adulto, pon el globo dentro de la botella mientras sujetas la boca del globo. Estira la boca del globo sobre la boca de la botella para que se mantenga en su sitio. A continuación, pon los labios en la botella. Intenta inflar el globo.

¿De qué se trata esto?
Cuando estiras el globo sobre la boca de la botella, esta queda sellada. No puede entrar ni salir aire de la botella. Cuando intentas inflar el globo, este empuja contra el aire del interior de la botella. El aire empuja el globo y no permite que este aumente de tamaño. El aire ocupa espacio y puede empujar las mismas cosas que lo empujan a él.

Más ideas divertidas para probar:
- Prueba con botellas de diferentes tamaños para ver si puedes inflar el globo con ellas.
- Prueba con globos redondos o largos. Antes de intentar el experimento, escribe lo que crees que puede ocurrir.
- Pide a un adulto que haga un pequeño agujero en el fondo de una botella. Prueba el experimento con esta botella.
- Escribe una carta o un correo electrónico a un amigo o familiar. Cuéntale sobre el experimento que hiciste. Explica cómo funciona y cuáles fueron tus resultados.

Piensa en ello
- ¿Cuál es la *boca* del globo? ¿Cuál es la *boca* de la botella?
- ¿Qué sección del experimento te indica lo que debes hacer, paso a paso?

* Ve la página ii.

EXTRA

Movimiento de los líquidos

¿Se moverá el mismo objeto a diferentes velocidades a través de diferentes líquidos?

La *velocidad* (speed) es el término utilizado para describir la rapidez con la que se mueve un objeto. Para calcular la velocidad, divide la distancia que recorre el objeto por el tiempo que tarde en moverse.

Materiales:

- 2 frascos iguales
- aceite vegetal
- cronómetro
- calculadora
- agua
- dos canicas idénticas
- regla métrica

Procedimiento:

Llena un frasco con agua y otro con aceite vegetal.

Sujeta una canica de forma que la parte inferior toque la parte superior del aceite vegetal. Deja caer la canica. Utiliza el cronómetro para registrar el tiempo en segundos que tarda la canica en llegar al fondo del frasco. A continuación, utiliza la regla para medir la distancia que ha recorrido la canica. Anota los datos en la tabla.

Sigue el mismo procedimiento para la segunda canica y el frasco de agua. Anota los datos en la tabla.

Divide la distancia que recorrió cada canica por el número de segundos que tardó en caer. Utiliza una calculadora si necesitas ayuda

Medidas			
Líquido	Distancia	Tiempo	Velocidad
Aceite vegetal			
Agua			

1. ¿Cuál canica viajó más rápido? _______________________________________

2. ¿Cuál es la diferencia entre la velocidad de la primera canica y la de la segunda?

____

La X marca el lugar

Sigue las instrucciones para encontrar el tesoro. Dibuja una X donde esté enterrado el tesoro. A continuación, responde la pregunta.

- Comienza en el Valle del Río Rojo.

- Ve al noreste a través del Lago de la Lavanda hasta el Bosque Negro.

- Ve hacia el noreste hasta el Bosque de Hojas Perennes.

- Viaja hacia el norte hasta las Montañas Púrpuras.

- Cruza el río rojo hasta las Montañas Azules.

- Ve al sur, pero no vuelvas a cruzar el Río Rojo.

- El tesoro está enterrado allá.

¿En dónde está enterrado del tesoro? _________________________________

EXTRA

¿Cuál es la clave?

Una *clave del mapa* (map key) indica el significado de los símbolos de un mapa. Utiliza la clave del mapa para encontrar los objetos indicados.

1. Encierra en un círculo cada ciudad.

2. Dibuja un cuadrado alrededor de cada parque de béisbol.

3. Dibuja una X en la capital del estado.

4. Dibuja un triángulo alrededor del aeropuerto.

5. Subraya los parques.

6. Dibuja una estrella en cada universidad.

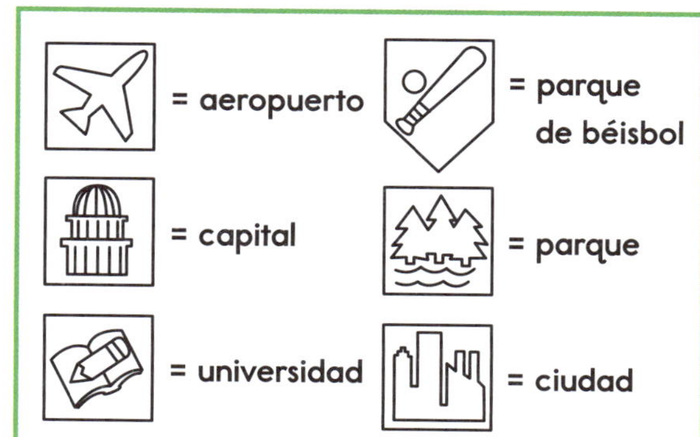

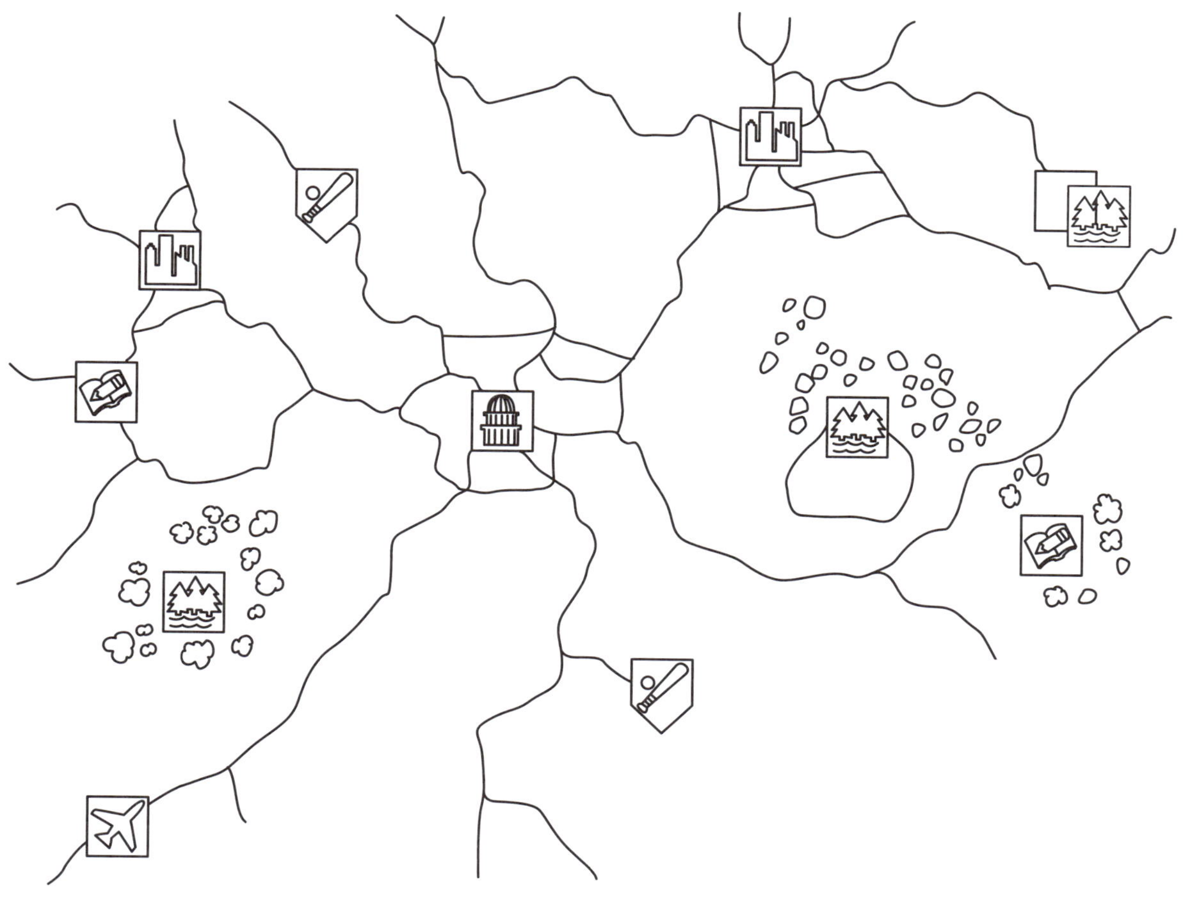

El mapa de calles de Brent

Brent tiene un *mapa de calles* (street map) que le ayuda a orientarse en su nueva ciudad. Un mapa de calles muestra dónde se encuentran los negocios, las casas y otros lugares. Observa el mapa y responde las preguntas.

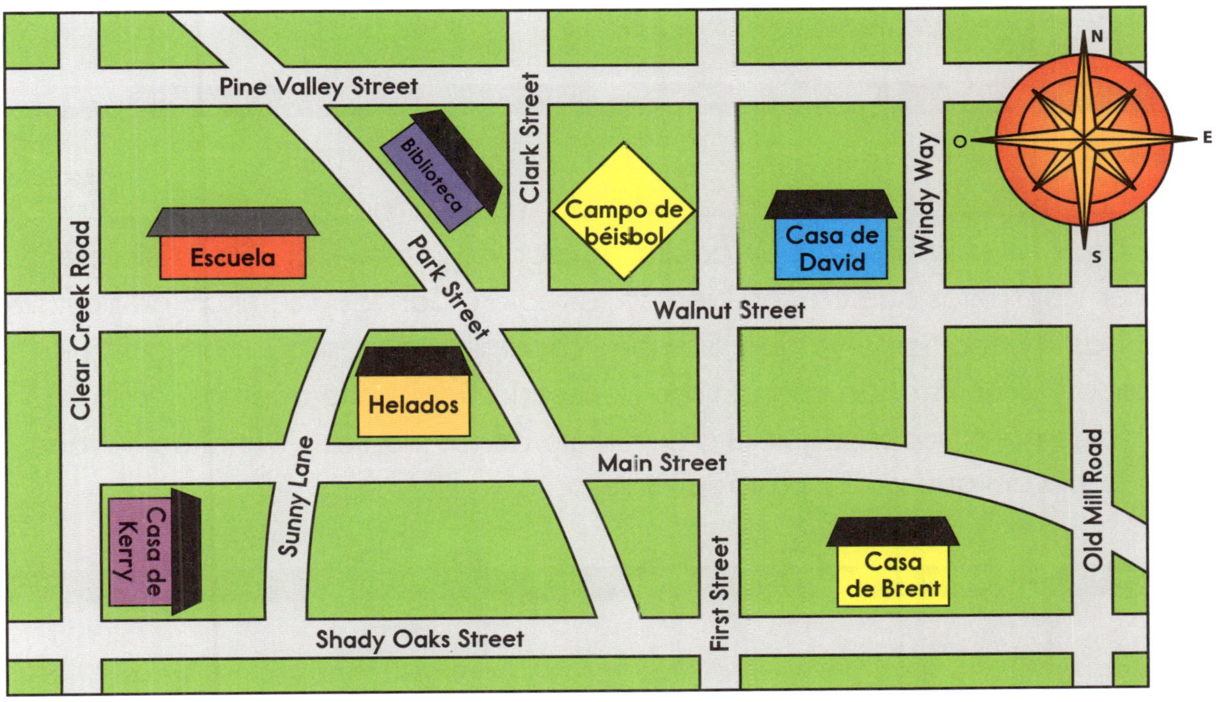

1. Brent vive en _________________________.

2. Kerry vive en _________________________.

3. La heladería está en _________________________.

4. David vive en la esquina de Walnut Street y _________________________.

5. La escuela está en _________________________.

6. ¿Cuáles dos calles podría tomar Brent para llegar a la biblioteca?

____

EXTRA

¡Vamos afuera!

El verano es una buena época para leer al aire libre. Elige tu libro favorito y busca un lugar a la sombra para relajarte y leer. Lleva también un lápiz y un cuaderno. Mientras lees, escribe tus pensamientos, datos interesantes y cualquier palabra nueva que aprendas. Repasa tus notas más tarde.

¡Siembra un jardín! Pide a un adulto que te ayude a encontrar un recipiente grande o a elegir un lugar en el jardín. Con un adulto, navega en Internet o visita la biblioteca para conocer las plantas que crecen bien en tu región. Consigue semillas (de hortalizas, flores o hierbas), buena tierra y agua. Siembra las semillas. A continuación, cuida tu jardín regando y desbrozando cuando sea necesario. Registra lo que has sembrado y cuándo lo hiciste para poder seguir el crecimiento de tus plantas. Al final del verano, ¡tendrás un jardín del que podrás estar orgulloso!

Sal a la calle con un cuaderno y un lápiz. Durante cinco minutos, observa lo que ocurre a tu alrededor. Haz una lista de las acciones que observas, como el ladrido de un perro, el vuelo de un pájaro, el salto de un chapulín o la conversación de una persona. Cuando termines, cuenta el número de verbos diferentes de tu lista. ¡Hay muchos verbos que puedes observar!

* Ve la página ii.

Objetivos mensuales

Piensa en tres objetivos que quieras cumplir este mes. Por ejemplo, tal vez quieras hacer ejercicio 20 minutos al día. Escribe tus objetivos en las líneas y repásalos con un adulto.

Coloca una estrella junto a cada objetivo que cumplas. ¡Siéntete orgulloso de haber cumplido tus objetivos!

1. _______________________________   COLOCA UNA ESTRELLLA AQUÍ

2. _______________________________   COLOCA UNA ESTRELLLA AQUÍ

3. _______________________________   COLOCA UNA ESTRELLLA AQUÍ

Lista de palabras

En esta sección se utilizan las siguientes palabras. Es bueno que las conozcas. Lee cada palabra. Utiliza un diccionario para buscar las que no conozcas. A continuación, escribe dos oraciones en inglés. Utiliza una palabra de la lista en cada oración.

advertising (publicidad)	nectar (néctar)
cabin (cabina)	popular (popular)
illustrated (ilustrado)	published (publicado)
integrity (integridad)	seasons (estaciones)
molt (derretir)	tropical (tropical)

1. _______________________________

____

2. _______________________________

____

Introducción a la fuerza

Esta sección incluye actividades de acondicionamiento físico y de desarrollo del carácter enfocadas en la fortaleza. Estas actividades están diseñadas para mantenerte en movimiento y para hacerte pensar en fortalecer tu cuerpo y tu carácter. Si tienes una movilidad limitada, no dudes en modificar los ejercicios sugeridos para adaptarlos a tus capacidades individuales.

Fuerza física

Al igual que la flexibilidad, la fuerza es necesaria para estar saludable. Puede que pienses que una persona fuerte es alguien que puede levantar mucho peso. Sin embargo, la fuerza es algo más que la capacidad de levantar objetos pesados. La fuerza se construye con el tiempo. Ahora eres más fuerte que en la guardería. ¿Qué actividades puedes hacer ahora que no podías hacer entonces?

Puedes ganar fuerza mediante actividades cotidianas y muchos ejercicios divertidos. Carga las bolsas de las compras para fortalecer los brazos. Anda en bicicleta para fortalecer las piernas. Nada para fortalecer todo el cuerpo. Ejercicios como las flexiones de brazos y los levantamientos son también grandes potenciadores de la fuerza.

Fíjate objetivos este verano para mejorar tu fuerza. Basa tus objetivos en actividades que te gusten. Habla de tus objetivos con un adulto. A medida que vayas cumpliendo tus objetivos, establece otros nuevos. ¡Celebra tu cuerpo, ahora más fuerte y saludable!

Fortaleza de carácter

Al mismo tiempo que desarrollas tu fuerza física, trabaja también tu fortaleza interior. Tener un carácter fuerte significa defender tus principios, incluso si los demás no están de acuerdo.

Puedes mostrar tu fortaleza interior de muchas maneras. Por ejemplo, siendo honesto, defendiendo a alguien que necesita tu ayuda y haciendo tu mejor esfuerzo en cada tarea. La fortaleza interior no siempre es fácil de demostrar. ¿Recuerdas alguna ocasión en la que hayas usado tu fortaleza interior para manejar una situación, como por ejemplo, cuando otro niño se burló de ti en el parque?

Mejora tu fortaleza interior durante el verano. Piensa en formas de mostrar fortaleza de carácter, como por ejemplo, mostrando respeto por todos los que practican un deporte, así ganen o pierdan. Reflexiona sobre tu crecimiento positivo. ¡Enorgullécete de tu fortaleza de carácter!

Suma para encontrar cada una de las adiciones. Suma primero los números en el lugar de las unidades y luego los números en el lugar de las decenas.

1. 63 +48	2. 47 +68	3. 19 +28	4. 55 +59	5. 24 +87
6. 64 +18	7. 72 +48	8. 48 +64	9. 37 +95	10. 27 +56
11. 16 +34	12. 33 + 8	13. 46 +78	14. 19 +39	15. 28 +67

Dibuja una línea para emparejar cada verbo en *tiempo presente* (present-tense) con su forma en *tiempo pasado* (past-tense).

16. sleep	held
17. hold	fell
18. make	left
19. win	bought
20. leave	slept
21. fall	made
22. buy	won

DÍA 1

Vuelve a escribir cada conjunto de palabras subrayadas como un *posesivo* (possessive).

23. The baseball mitt belonging to Chloe is on the dresser. _______________________

24. Have you seen the soccer ball belonging to Jasper? _______________________

25. I forgot to bring the goggles belonging to Trinity. _______________________

26. The golf clubs belonging to Grandpa are in the basement. _______________________

27. The ballet shoes belonging to Cassidy are too small. _______________________

28. Halley left the tennis racquet belonging to Ian on the bus. _______________________

Lee las oraciones. Fíjate en cada palabra subrayada. A continuación, colorea el círculo para decir si la palabra está escrita correctamente o incorrectamente.

EJEMPLO:

	CORRECTO	INCORRECTO
We ate toast with jam on it.	●	○
29. We wint to the store for some bread and milk.	○	○
30. The dog will hunt for his boone.	○	○
31. We will plant our garden.	○	○
32. The keng asked the queen to dance.	○	○
33. Think of a good name for a cat.	○	○

DATO: Las aves nunca podrán ser astronautas. ¡Necesitan la gravedad para tragar!

DÍA 2

Resta para encontrar cada diferencia. Resta primero los números en el lugar de las unidades y luego los números en el lugar de las decenas.

	51 −38 **13**	1.	75 −26	2.	82 −37	3.	27 −19
4.	65 − 9	5.	83 −24	6.	95 −78	7.	56 −17
8.	81 − 6	9.	54 −39	10.	64 −18	11.	35 −16

Escribe la forma en *tiempo pasado* (past-tense) de cada verbo para completar cada oración.

12. Chang _________________ a card for Alfonso.
    (make)

13. Lindsey _________________ her cat to the vet.
    (take)

14. She _________________ enough bread for a week.
    (buy)

15. Claire and I _________________ the movie last night.
    (see)

16. I _________________ to the gas station.
    (go)

17. The bird _________________ to the nest.
    (fly)

DÍA 2

Lee el poema. A continuación, responde las preguntas.

Sing a Song of Summer

Sing a song of summer
with arms stretched open wide.
Run in the sunshine.
Play all day outside.

Hold on to the summer
as long as you may.
Autumn will come quickly
and shorten the day.

Play in the water.
Roll in the grass.
It won't be long now
before you'll be in class.

18.   Which sentence tells the main idea of the poem?

    A.   Enjoy summer while it lasts.   B.   Summer gets too hot.

    C.   School starts in the autumn.   D.   It is fun to sing songs.

19.   What season comes after summer?

    A.   winter   B.   spring

    C.   autumn   D.   October

20.   Write an X beside each thing you can do in the summer.

_______ play outside   _______ rake leaves

_______ go swimming   _______ build a snowman

* Ve la página ii.

DÍA 3

Suma o resta para resolver cada problema.

1.   433
   + 18
	2. 762
	   − 28
		3. 819
		   + 20
			4. 453
			   − 5
				5. 658
				   + 24

6.   544
   − 18
	7. 234
	   − 9
		8. 372
		   + 9
			9. 675
			   − 47
				10. 981
				   + 11

Escribe *am*, *is* o *are* para completar cada oración.

11. I _______________ the tallest girl on the team.

12. My lunch _________________ in my backpack.

13. We ____________ in line for the roller coaster.

14. I _______________ ready to go swimming.

15. Jonah's friends __________ laughing at a joke.

16. Aunt Ebony _____________ listening to music.

17. We_______________ painting the room blue.

PRUEBA DE CARÁCTER: Haz una lluvia de ideas sobre las formas en que puedes mostrar responsabilidad. Coloca tu lista en algún lugar donde la veas a menudo.

DÍA 3

Escribe una _ecuación de multiplicación_ (multiplication equation) para mostrar el número de elementos de cada grupo.

EJEMPLO:

$$3 \times 4 = 12$$

18.

____

19.

____

20.

____

Recorriendo el pasamanos

Visita un parque infantil en compañía de un adulto. Encuentra los pasamanos. Comienza balanceándote con los brazos de una barra a otra. Si necesitas practicar, ponte una meta. Esta puedes consistir en balancearte, descansar y balancearte de nuevo. Si eres muy bueno balanceándote a través de las barras, comprueba cuántas veces puedes ir y volver. No solo estás yendo de un lado al otro del pasamanos. ¡También estás mejorando la fuerza de la parte superior de tu cuerpo!

DATO: Los adultos pestañean aproximadamente 10 veces por minuto, pero los bebés lo hacen solo dos veces por minuto.

* Ve la página ii.

Encuentra el área de cada figura.

1. 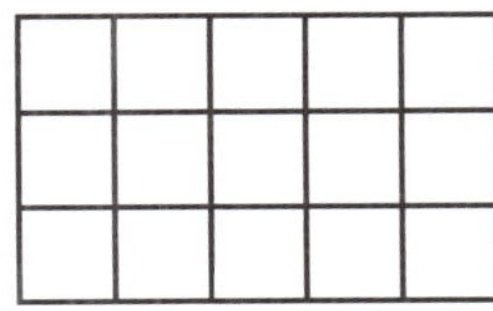

__________ × __________ = __________
  base   altura   área total

2. 

__________ × __________ = __________
  base   altura   área total

3. 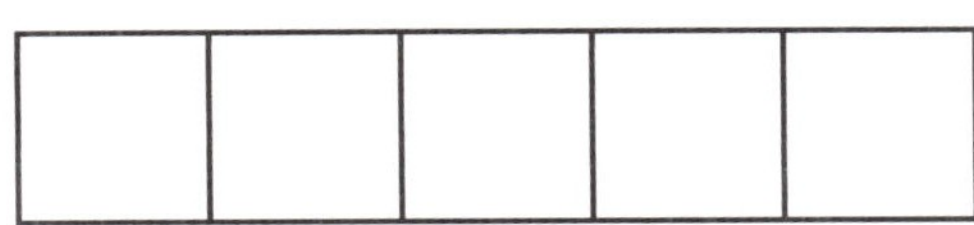

__________ × __________ = __________
  base   altura   área total

4. 

__________ × __________ = __________
  base   altura   área total

Observa cada palabra subrayada. Escribe en la línea si es un *sustantivo* (noun), *pronombre* (pronoun), *verbo* (verb), *adjetivo* (adjective) o *adverbio* (adverb).

5. _______________________ The old green <u>tent</u> smelled of leaves and woodsy air.

6. _______________________ Dad <u>quickly</u> unzipped the tent's windows.

7. _______________________ The smell of <u>crispy</u> bacon filled the air.

8. _______________________ A cool stream <u>ran</u> along one side of the campsite.

9. _______________________ <u>I</u> couldn't wait to start the campfire.

10. _______________________ We <u>roasted</u> six ears of corn.

DÍA 4

Marca cada fracción en la línea numérica.

11. $\dfrac{3}{4}$

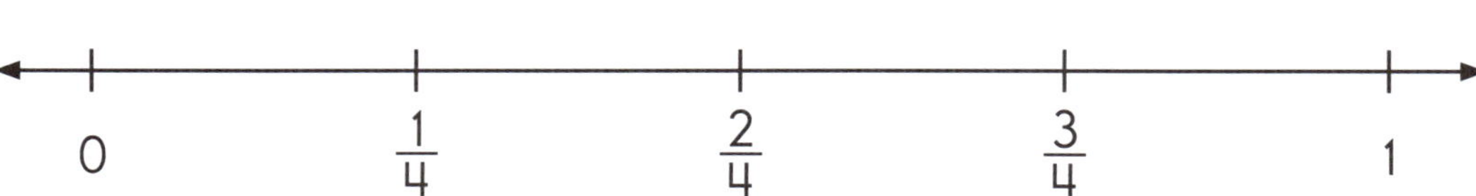

12. $\dfrac{5}{8}$

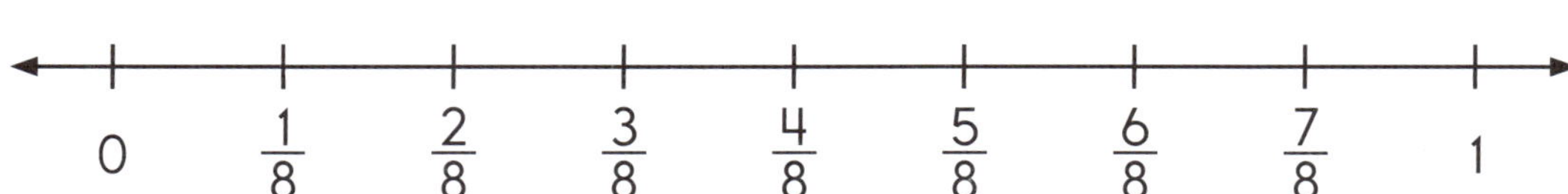

13. $\dfrac{1}{3}$

14. $\dfrac{10}{10}$ o 1 entero

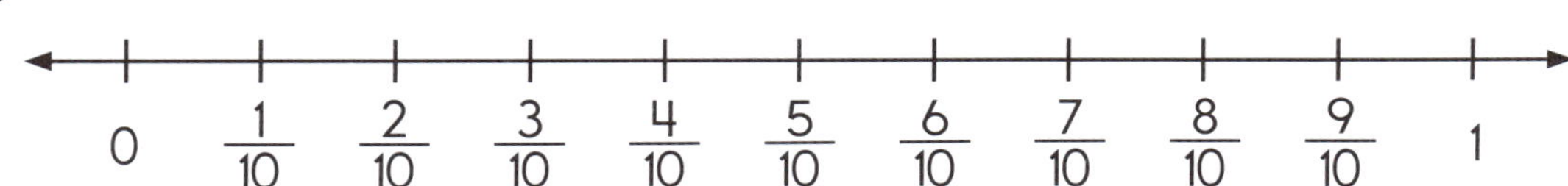

Añade las comas que falten en cada dirección. Utiliza este símbolo para añadirlas: ⌄.

81 Riverwood Rd.
Charlotte NC 28870

132 West Billingsley Lane
Taos NM 87571

1425 Newtown Terrace #12
Providence RI 02906

21896 Langston Blvd.
San Diego CA 92119

* Ve la página ii.

COLOCA UNA ESTRELLA AQUÍ.

DÍA 5

Utiliza un lápiz rojo para comprobar los problemas. Escribe una √ al lado de cada respuesta correcta. Escribe una X junto a cada respuesta incorrecta.

1.	2.	3.	4.	5.
423 +138 561	784 −107 618	434 +128 562	324 +267 592	38 +19 57

6.	7.	8.	9.	10.
667 −419 247	410 −125 305	948 −819 129	546 −317 218	634 −571 63

11.	12.	13.	14.	15.
342 −237 105	467 +161 628	861 −671 210	933 −673 260	429 +364 893

Escribe *has* o *have* para completar cada oración.

16. We_______________ fun plans for this summer.

17. My mom _____________________ Friday off.

18. My dad ___________________ a new book.

19. The girl_______________________ a hat.

20. Lia and I ________________ fruit in our lunches.

21. The doghouses __________________ new roofs.

22. His sister ___________________ dance shoes.

23. The club______________ many members.

DÍA 5

Lee el párrafo. A continuación, responde las preguntas.

Mercer Mayer

Mercer Mayer's books can be found in many libraries and bookstores. He has both written and illustrated books. Some of his most popular books include *There's a Nightmare in My Closet*; *Liza Lou and the Yeller Belly Swamp*; *Just for You*; and *A Boy, a Dog, and a Frog*. He likes to write about things that happened to him as a child.

Mercer Mayer was born on December 30, 1943, in Arkansas. When he was 13, he moved to Hawaii with his family. After high school, he studied art. Then, he worked for an advertising company in New York. He published his first book in 1967. He and his wife work together on the Little Critter stories. Now, he works from his home in Connecticut.

24. This passage is called a *biography*. Based on what you read, what do you think a biography is?

    A. a made-up story about a character from a book

    B. a true story that tells about the life of a real person

    C. a short, funny story

Escribe *T* para las declaraciones que sean verdaderas. Escribe *F* para las declaraciones que sean falsas.

25. ________ Mercer Mayer is a character in a book.

26. ________ Mercer Mayer writes about things that happened to him as a child.

27. ________ Mercer Mayer lived in many different places.

28. ________ Mercer Mayer never worked in New York.

29. Go to the library, or go online with an adult. Do some research on another children's author. Write a paragraph about the author you chose on a separate sheet of paper. How is the author similar to Mercer Mayer? How is the author that you chose different?

Escribe la hora que aparece en cada reloj.

1.  ____:____	2.  ____:____	3.  ____:____
4.  ____:____	5.  ____:____	6. 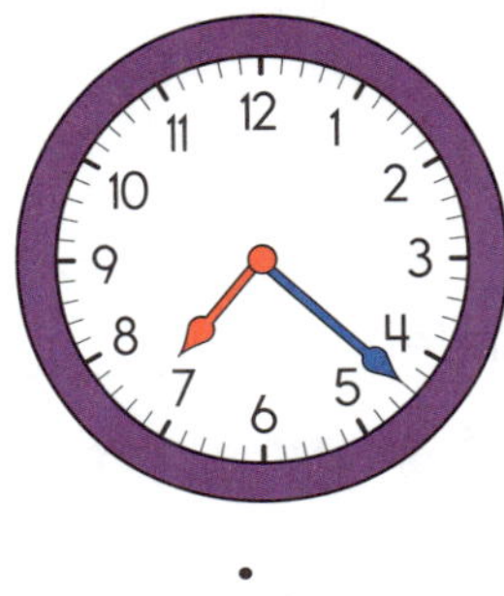 ____:____

Utiliza los significados de los *prefijos* (prefixes) y *sufijos* (suffixes) del recuadro para ayudarte a escribir una definición para cada palabra.

un–/non– = no	–er/–or = el que
re– = de nuevo	–tion = el acto o el proceso de
dis– = no, opuesto a	–ness = el estado o la condición de

7. gardener = ______________________

8. dishonest = ______________________

9. addition = ______________________

10. nonfiction = ______________________

11. unhealthy = ______________________

12. illness = ______________________

13. collector = ______________________

14. reuse = ______________________

DÍA 6

Encierra en un círculo la *raíz* (root word) de cada palabra que aparece a continuación. Luego, piensa en otra palabra que tenga la misma raíz. Escribe la nueva palabra en la línea.

15. unreasonable ____

16. disinterested ____

17. misbehaving ____

18. unbelievable ____

19. bicycling ____

20. telephone ____

¿Cuál personaje de un libro que hayas leído se parece más a ti? ¿En qué se parecen este personaje y tú? Puedes escribir en inglés o en español.

____

____

____

____

____

____

____

DATO: Las huellas dactilares del koala son similares a las de los humanos.

COLOCA UNA ESTRELLA AQUÍ.

Dibuja las manecillas de cada reloj para indicar la hora correcta.

1.
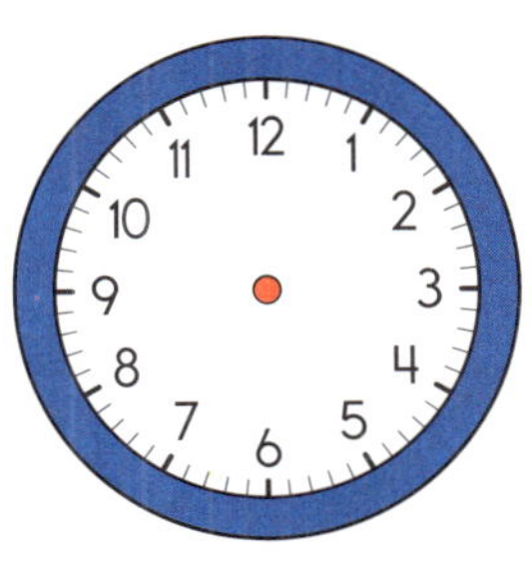

12:45

2.
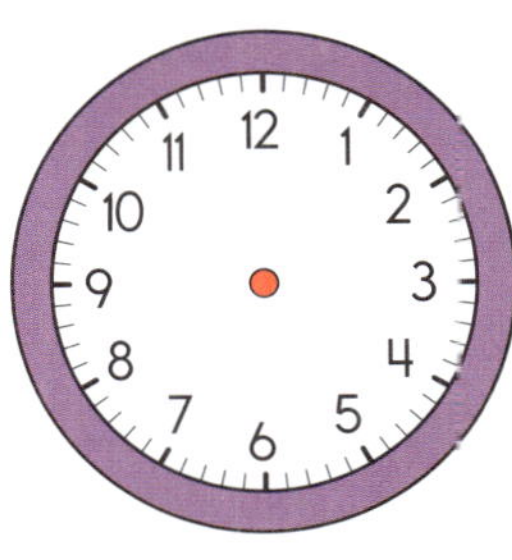

9:17

3.

12:31

4.

8:28

5.
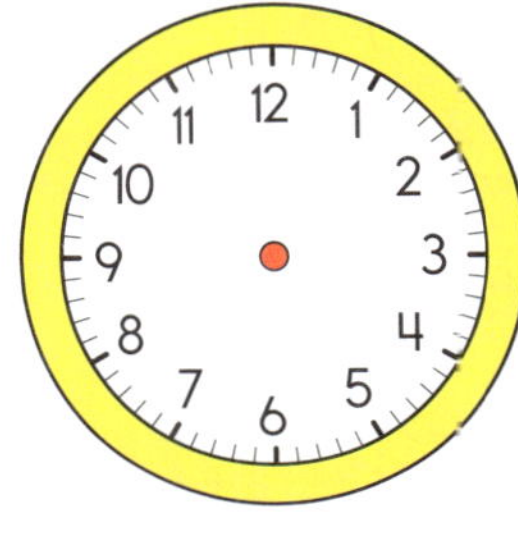

5:40

6.
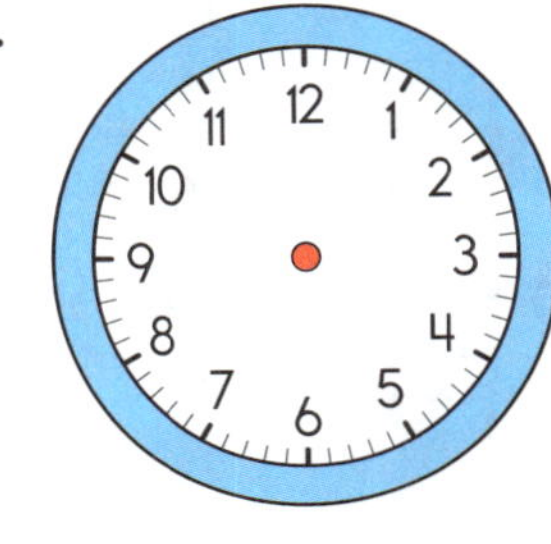

12:09

Añade los *sufijos* (suffixes) *-ed* e *-ing* a cada *palabra base* (base word). Es posible que tengas que quitar o añadir letras a algunas palabras antes de añadir los sufijos.

7. rake

8. jump

9. hug

10. cook

11. skate

____

12. wrap

13. sneeze

14. pop

15. talk

16. smile

____

DÍA 7

Escribe la letra de la definición correcta junto a cada palabra.

17. _______ cheerful		A.	ready to help
18. _______ sleepless		B.	without sun
19. _______ colorful		C.	very cheery
20. _______ sunless		D.	having many colors
21. _______ helpful		E.	not able to sleep

El *perímetro* (perimeter) **es la distancia alrededor de una figura. Escribe el perímetro de cada figura.**

22.

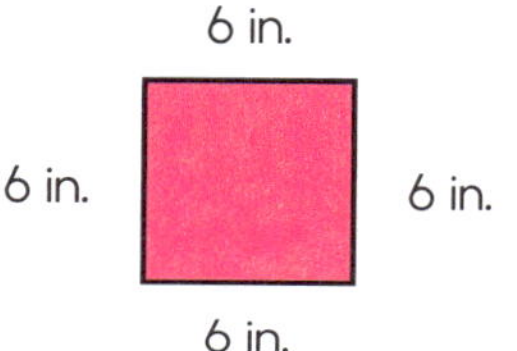

perímetro = ______________ in.

23.

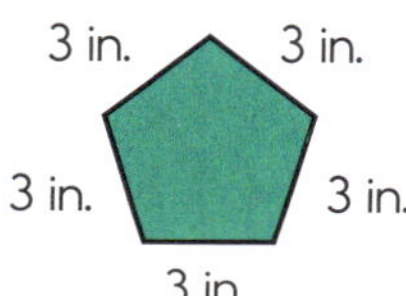

perímetro = ______________ in.

24.

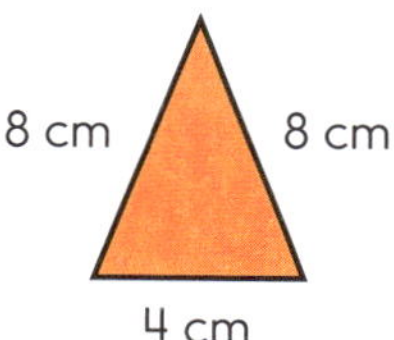

perímetro = ______________ cm

25.

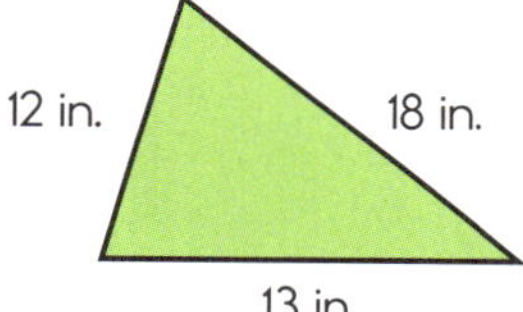

perímetro = ______________ in.

26.

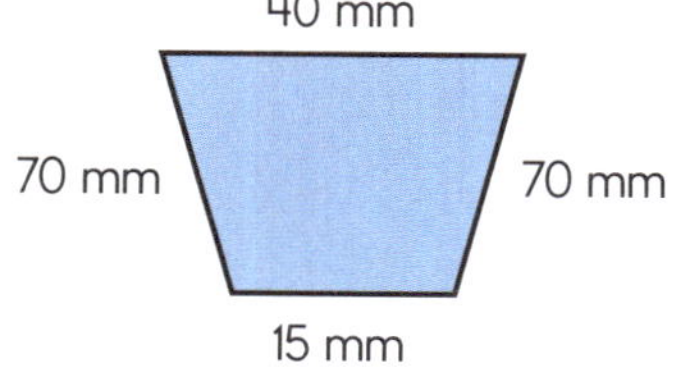

perímetro = ______________ mm

27.

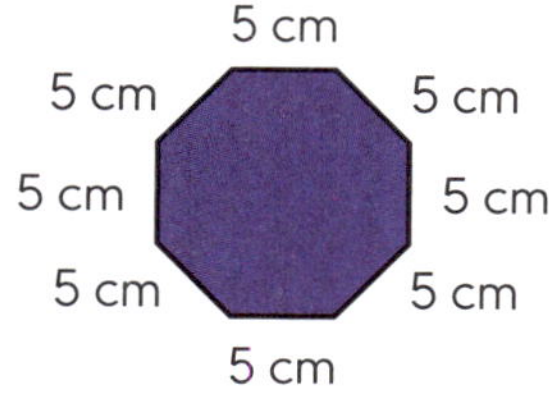

perímetro = ______________ cm

Resuelve los problemas de palabras sobre el tiempo.

1. Caleb se subió al autobús a las 7:30. Le tomó 20 minutos llegar a la escuela. ¿A qué hora llegó?

   ____

2. La clase de piano de Aliya comenzó a las 4:15. Duró media hora. ¿A qué hora acabó la clase?

   ____

3. A las 6:05 comenzó a llover. Llovió durante 45 minutos. ¿A qué hora dejó de llover?

   ____

4. Los alumnos del Sr. Domingo llegaron al museo a las 9:00. Salieron dos horas y media después. ¿A qué hora salieron?

   ____

Escribe la palabra *went* o *gone* para completar cada oración. Recuerda: la palabra *gone* necesita otra palabra auxiliar, como *has* o *have*.

5. Ben _______________________________________ home after school.

6. Jessi has _____________________________ shopping for a new coat.

7. Deanna _______________________________ with Andrew to play.

8. We will be _____________________________ on vacation all week.

9. My mother _____________________________ to work this morning.

DÍA 8

Lee el párrafo. A continuación, responde las preguntas.

Nightly Navigators

Bats help people in many ways. Most bats eat insects at night. This helps to keep the number of insects low. Bats eat mosquitoes, mayflies, and moths. Bats also pollinate and spread the seeds of many tropical trees.

Bats are the only mammals on Earth that fly by flapping their limbs. There are more than 900 kinds of bats. Some bats are only 1.3 inches (3.3 centimeters) long. Some are more than 16 inches (40 centimeters) long. Most bats eat only insects. Some bats eat fruit and the nectar of flowers.

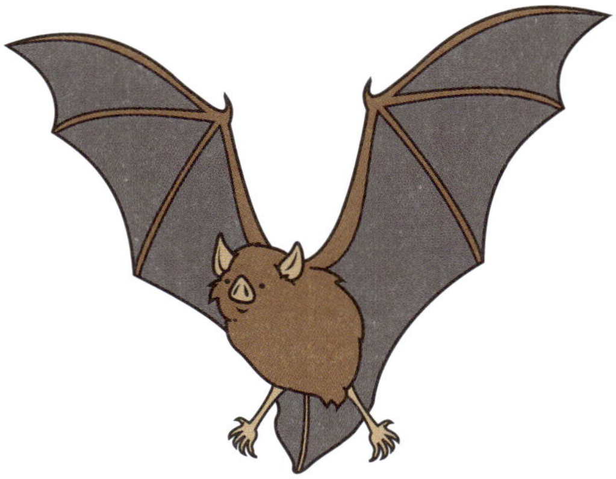

10. How many different kinds of bats are there?

____

11. What do bats eat? ______________________________________

12. How large can some types of bats grow? ______________________

13. What is the main idea of the first paragraph?___________________

14. What evidence does the author give that supports the main idea in the

first paragraph?_______________________________________

____

15. Name three types of insects that bats eat.___________________

____

DATO: Tu corazón es aproximadamente del mismo tamaño que tu puño.

Encierra en un círculo las monedas que equivalgan a cada cantidad indicada.

1. 34¢ 

2. 72¢ 

3. 25¢ 

4. 49¢ 

Escribe una palabra de cada casilla para completar cada oración.

5. The train will ______________________ .

   The train is ______________________ .

   The train has ______________________ .

| stop |
| stopped |
| stopping |

6. The baby can ______________________ .

   The baby is ______________________ .

   The baby ______________________ .

| clap |
| clapped |
| clapping |

7. The rabbit is ______________________ .

   The rabbit ______________________ .

   The rabbit can ______________________ .

| hop |
| hopped |
| hopping |

DÍA 9

Redondea cada número a la decena más cercana.

8. 56 _______________________

9. 142 ______________________

10. 33 _______________________

11. 289 ______________________

12. 11 _______________________

Redondea cada número a la centena más cercana.

13. 342 ______________________

14. 586 ______________________

15. 204 ______________________

16. 650 ______________________

17. 817 ______________________

Una situación complicada

Tener *integridad* (integrity) significa mostrar lo que crees a través de tus acciones. Lee la siguiente situación. En una hoja aparte, escribe lo que harías.

Situación: Sabes que es importante ser honesto. Un día, cuando estás jugando en casa de tu mejor amiga, ella rompe accidentalmente el frasco de galletas de su madre. Pega los trozos y lo vuelve a colocar sobre la mesa. Más tarde, su madre las encuentra jugando y las interroga sobre el frasco de galletas. ¿Qué harías tú?

* Ve la página ii.

El señor Cohen administra una panadería. Está haciendo un seguimiento de cuántos panes ha vendido la panadería cada mes en lo que va del año. Rellena el siguiente *pictograma* (pictograph) basándote en los siguientes datos de cada mes.

Enero = 40 panes
Febrero = 40 panes
Marzo = 60 panes
Abril = 80 panes
Mayo = 85 panes
Junio = 95 panes

Mes	Panes vendidos
Enero	
Febrero	
Marzo	
Abril	
Mayo	
Junio	

Clave
⌒ = 10 panes

Tacha cada palabra mal utilizada o mal escrita en la entrada del diario. Escribe encima la palabra correcta.

September 14, 2015

Yesterday, we learn about colors in art. We make a color wheel. We found out that there is three basic colors. They am called *primary colors*. Red, yellow, and blue are primary colors. Primary colors mix to make other colors. Red and yellow makes orange. Yellow and blue make green. Blue and red make purple. Orange, green, and purple is secondary colors.

Encierra en un círculo el significado de cada palabra subrayada.

1. She has on a <u>dark</u> purple dress.

   A.   night   B.   not light

2. We were <u>safe</u> on the rock.

   A.   without danger   B.   place to keep things

3. Fernando had to be home before <u>dark</u>.

   A.   morning   B.   night

4. I took a <u>trip</u> to the museum.

   A.   a visit   B.   to stumble

5. The <u>bank</u> closes at five o'clock.

   A.   place where money is kept   B.   a steep hill

Resuelve cada problema.

6.	7.	8.	9.	10.
20 × 9	50 × 7	90 × 4	80 × 3	40 × 6

11.	12.	13.	14.	15.
30 × 9	60 × 8	10 × 8	20 × 3	70 × 1

PRUEBA DE CARÁCTER: Busca la palabra *único* (unique) en el diccionario. ¿En qué sentido eres único?

COLOCA UNA ESTRELLA AQUÍ.

Cuenta los grupos de monedas en cada problema. Dibuja una X en el grupo que tenga el mayor valor.

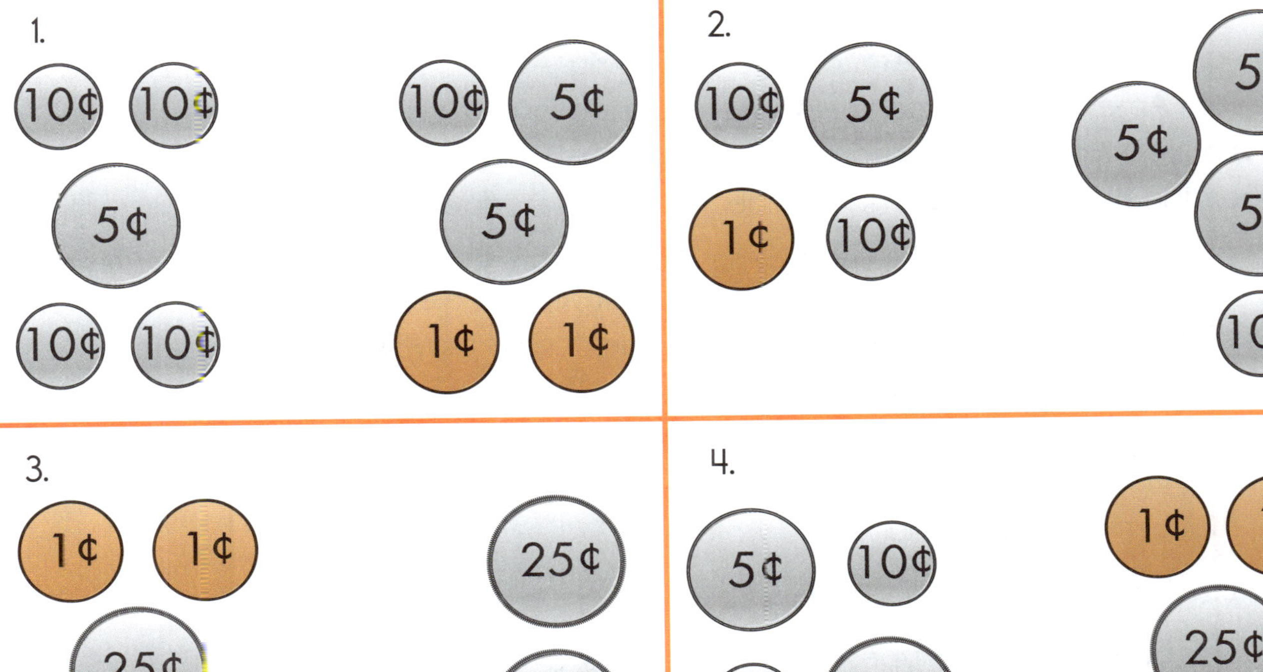

Los *adjetivos* (adjectives) describen *sustantivos* (nouns). Algunos adjetivos describen el aspecto o el sonido de las cosas. Algunos adjetivos describen cómo se sienten o saben las cosas. Escribe el mejor adjetivo del banco de palabras para completar cada oración.

rainy	equal	low	tiny

5. I put an ___________________ amount of soup in my bowl and yours.

6. There is a ___________________ bug on the leaf.

7. Latoya stepped over the ___________________wall.

8. She saw a rainbow in the sky on the ___________________day.

DÍA 11

Lee el párrafo. A continuación, responde las preguntas.

Continents

Earth has seven continents: Africa, Antarctica, Asia, Australia, Europe, North America, and South America. These continents were once a large piece of land. The land split millions of years ago. Large pieces of land drifted apart. The oceans filled the spaces between the pieces of land. The continents we know today are the result. Each continent looks different and has different plants, animals, and weather. North America does not have tigers, but Asia does. Antarctica does not have a jungle, but South America does. The continents are similar in some ways. Some similarities may be because the continents were once one large piece of land.

9. What is the main idea of this passage?

    A. Earth is made of land and water.

    B. Earth has seven continents that were once one piece of land.

    C. Earth has many types of animals, plants, and weather.

10. List the seven continents. ________________________________

____

11. When did the continents form?________________________________

12. What type of land can you find in South America?________________________________

13. Why might continents with an ocean between them have similarities?

____

____

DATO: Los colibríes son los únicos pájaros que pueden planear y volar boca arriba.

DÍA 12

Haz un dólar con monedas de cinco maneras diferentes.

EJEMPLO:

monedas de 25 centavos **2**	
monedas de 10 centavos **4**	
monedas de 5 centavos **2**	
monedas de 1 centavo **0**	
total $**1.00**	

1. monedas de 25 centavos ________

   monedas de 10 centavos ________

   monedas de 5 centavos ________

   monedas de 1 centavo ________

   total $________

2. monedas de 25 centavos ________

   monedas de 10 centavos ________

   monedas de 5 centavos ________

   monedas de 1 centavo ________

   total $________.

3. monedas de 25 centavos ________

   monedas de 10 centavos ________

   monedas de 5 centavos ________

   monedas de 1 centavo ________

   total $________.

4. monedas de 25 centavos ________

   monedas de 10 centavos ________

   monedas de 5 centavos ________

   monedas de 1 centavo ________

   total $________.

5. monedas de 25 centavos ________

   monedas de 10 centavos ________

   monedas de 5 centavos ________

   monedas de 1 centavo ________

   total $________.

Encierra en un círculo los *adjetivos* (adjectives) de cada oración.

EJEMPLO:

The (big) (red) wagon rolled down the hill.

6. Justin likes a soft pillow.

7. The hikers climbed a steep hill.

8. The door made a screechy noise.

9. The hot, wet sand felt good on our feet.

DÍA 12

Redondea cada número a la decena más cercana y a la centena más cercana. A continuación, escribe cada número en forma expandida.

	Decena	Centena	Forma expandida
EJEMPLO: 256	260	300	200 + 50 + 6
10. 542			
11. 311			
12. 898			
13. 426			
14. 657			
15. 102			

Escribe sobre algo que podrías reutilizar o reciclar. ¿Cómo lo reutilizarías o reciclarías? Procura escribir en inglés.

____

____

____

____

____

____

* Ve la página ii.

COLOCA UNA ESTRELLA AQUÍ.

Se necesitan dos pasos para encontrar la solución a cada uno de los siguientes problemas. Escribe las dos ecuaciones que utilizas para encontrar cada solución.
EJEMPLO:

Ezra tiene $20. Compra 3 fósiles por $3 cada uno. ¿Cuánto dinero le queda?

$$3 \times 3 = 9 \qquad 20 - 9 = 11$$

1. Zoe hizo una fiesta en el jardín con 6 amigos. Cada amigo recibió 2 paquetes de semillas de flores para llevar a casa. Zoe se quedó con 4 paquetes de semillas para su propio jardín. ¿Cuántos paquetes de semillas de flores había en total?

____

2. Azim tenía 55 uvas. Alimentó a sus 8 pollos con 6 uvas cada uno. ¿Cuántas uvas le quedaron?

____

3. La madre de Kendall hace mantas para picnic. Puede hacer 9 mantas con 27 yardas de tela. ¿Cuánta tela necesitaría para hacer 12 mantas?

____

Encierra en un círculo los *adjetivos* (adjectives) que describan cada *sustantivo* (noun) subrayado.

4. I have a blue and purple <u>coat</u>.

5. The little green <u>snake</u> climbed the tree.

6. Tasha made a dress from colorful, soft <u>cloth</u>.

7. The dark gray <u>cloud</u> is over my house.

8. I wore my new brown <u>sandals</u> today.

DÍA 13

Lee la historia. A continuación, enumera los eventos en el orden en que ocurrieron.

Snowed In

It snowed for three days. When it stopped, the snow was so deep that Ivan and Jacob could not open the cabin door. The men climbed through the upstairs window to get outside. They spent hours shoveling the snow away from the door. At last, they could open the door.

9. _________ The men climbed out the window.

10. _________ It snowed for three days.

11. _________ Ivan and Jacob opened the door.

12. _________ The men shoveled snow for hours.

Cangrejo que se arrastra rápidamente

¿Has visto alguna vez un cangrejo arrastrándose por la playa? Si intentas moverte como esos veloces crustáceos, podrás fortalecer la parte superior del cuerpo, la parte inferior y el *núcleo* (core). Siéntate en el piso. Coloca las manos detrás y los pies adelante de ti, apoyados en el piso. Utiliza tus brazos y piernas para levantar tu cuerpo del piso. Ahora, camina unas yardas hacia atrás. Luego, camina hacia adelante. ¡Es difícil mantener el peso levantado del piso durante mucho tiempo!

Una vez que domines el paso de cangrejo, puedes hacer que esta actividad sea más exigente. Utiliza un cronómetro o un temporizador para ver cuánto tiempo puedes caminar como un cangrejo, o aumenta tu velocidad.

Practica el paso de cangrejo durante todo el verano y sentirás que tu cuerpo se hace más fuerte.

DATO: Las Bahamas tuvieron una vez una oficina de correos submarina.

* Ve la página ii.

Encuentra la longitud de cada segmento de línea en pulgadas. Redondea cada número a la pulgada más cercana. Escribe las medidas en las casillas. A continuación, suma las medidas.

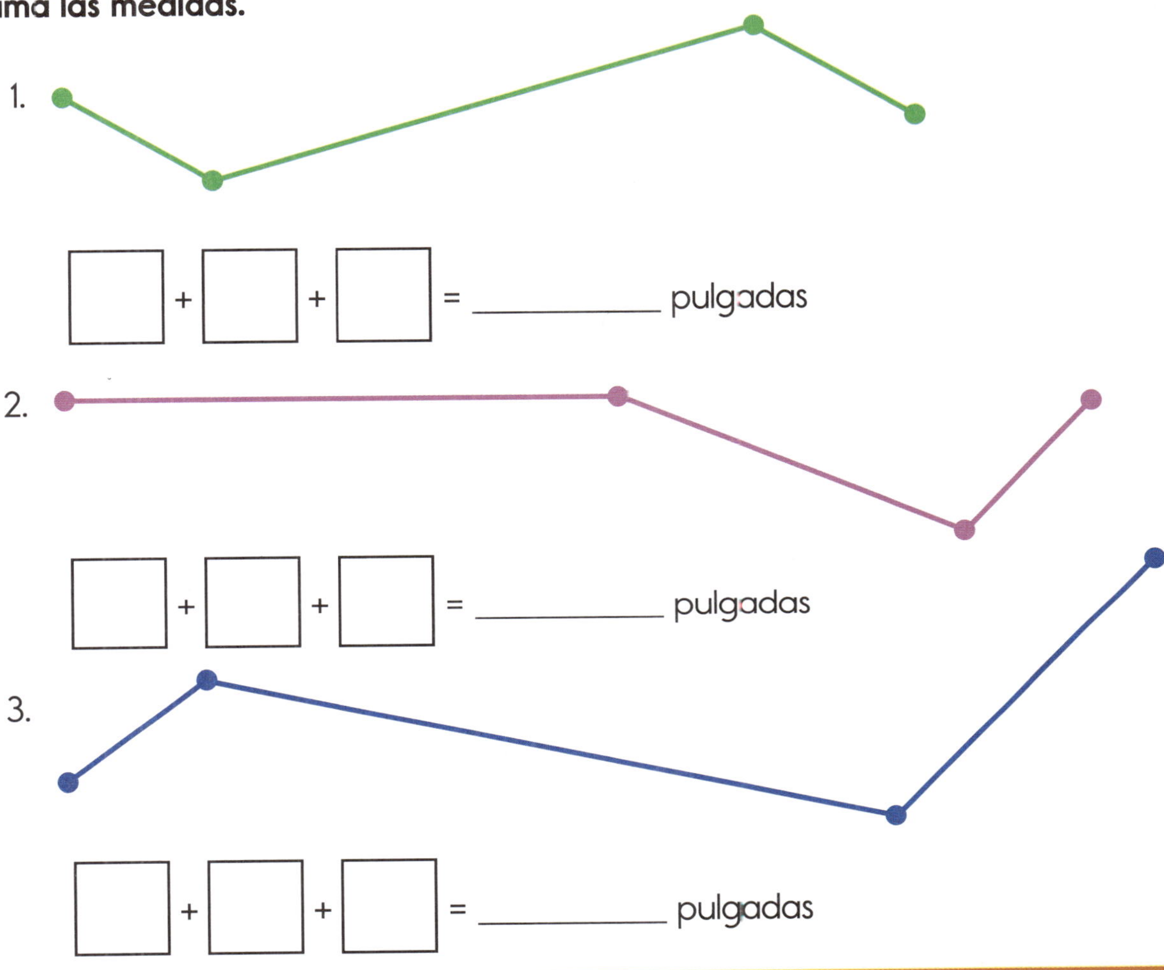

1.

□ + □ + □ = ___________ pulgadas

2.

□ + □ + □ = ___________ pulgadas

3.

□ + □ + □ = ___________ pulgadas

Escribe una historia sobre un personaje que haga algo por primera vez. Tal vez la persona empiece a estudiar en una nueva escuela o se una a un equipo de fútbol. Utiliza una hoja aparte si necesitas más espacio.

____

____

____

____

DÍA 14

Lee el pasaje. A continuación, responde las preguntas.

Sleep

Are you ever sleepy in the middle of the day? Children need about 8 to 11 hours of sleep each night. During sleep, your body rests and gets ready for another day. It is important to be rested for school every morning. If you are tired, you might have trouble paying attention to your teacher. If you have a hard time falling asleep, try reading a book instead of watching TV before bedtime. Go to bed at the same time every night. Play soft music to help you get sleepy. Soon, you will be dreaming!

4. What is the main idea of this passage?

    A. Getting enough sleep is important.

    B. Reading a book can help you go to sleep.

    C. You should dream every night.

5. How much sleep do children need?______________________________

6. What might happen at school if you are tired? ______________________

    ____

7. What can you do instead of watching TV at bedtime? ________________

    ____

8. When should you go to bed?

    A. 10 P.M.

    B. only when you feel sleepy

    C. at the same time every night

* Ve la página ii.

Mide la longitud de cada objeto en centímetros.

1. _______ cms.

2. _______ cms.

3. _______ cms.

4. _______ cms.

5. _______ cms.

6. _______ cms.

Escribe un adjetivo para completar cada oración.

7. Gabriel showed me the _________________________________ picture.

8. The _________________________________ puppy is chasing his tail.

9. That _________________________________ bird flies south for the winter.

10. Stephen carried the _________________________________ suitcase.

11. That book with the _________________________________ cover is mine.

DÍA 15

Encierra en un círculo la letra que aparezca junto a la *idea principal* (main idea) de cada párrafo.

12. Sometimes, I have strange dreams. Once, I dreamed I was floating inside a spaceship. When I woke up, I thought I was still floating. I reminded myself that it was just a dream. When I told my mom about it, she said that she sometimes has strange dreams, too.

    A. I dreamed I was floating in space.

    B. My mom had the same dream I did.

    C. Sometimes, we have strange dreams.

13. I like to read. In the summer, I go to the library twice a week. I check out books about lemurs and airplanes. I also like to read about rain forests. The librarian helps me find books I will like.

    A. I read books about race cars in the summer.

    B. I find books to read at the library.

    C. Librarians are friendly and helpful.

Escribe un cuento en inglés o español sobre un personaje que sea honesto. Dale un final feliz a tu cuento. A continuación, comparte tu cuento con un miembro de tu familia.

____

____

____

____

____

____

____

DÍA 16

Un metro son 100 centímetros. Encierra en un círculo tu cálculo para cada pregunta.

EJEMPLO:

Un diccionario es:

A.   Más alto que un metro.

B.   Más bajo que un metro.

1.   Una casa es:

A.   Más alta que un metro.

B.   Más baja que un metro.

2.   Un bebé es:

A.   Más alto que un metro.

B.   Más bajo que un metro.

3.   La puerta de tu casa es:

A.   Más alta que un metro.

B.   Más baja que un metro.

4.   Un lápiz es:

A.   Más largo que un metro.

B.   Más corto que un metro.

5.   Un sujetapapeles es:

A.   Más largo que un metro.

B.   Más corto que un metro.

Escribe las dos palabras que formen cada _contracción_ (contraction).
EJEMPLO:

hasn't _______ **has not** _______

6.   I'm _______________

7.   you'll _______________

8.   wouldn't _______________

9.   we've _______________

10.   we'd _______________

11.   you're _______________

12.   she's _______________

13.   isn't _______________

14.   I'll _______________

DÍA 16

Utiliza el *índice* (table of contents) para responder las preguntas.

15. ¿En qué página deberías empezar a leer sobre dónde viven las hormigas?

____

16. ¿En qué capítulo se habla de los diferentes tipos de hormigas?

____

17. ¿En qué página buscarías para encontrar el índice analítico?

____

18. ¿Cuál es el título del primer capítulo?

____

Dibuja una X sobre cada palabra mal escrita. Escribe correctamente cada palabra.

19. Marcus has a new electrik car.

____

20. Bonnie takes the fast trane to work.

____

21. Let's keap together when we go.

____

22. My dad drives a large dump truk.

____

23. Let's plae baseball.

____

DATO: Las camas antiguas eran sostenidas con cuerdas. Por eso en inglés se dice: *Duerme apretado* (Sleep tight).

COLOCA UNA ESTRELLA AQUÍ.

Calcula el volumen de cada elemento. Encierra tu respuesta en un círculo.

1.

A.   100 litros

B.   10 litros

C.   1 litro

2.

A.   100 mililitros

B.   1 mililitros

C.   1 litro

3.

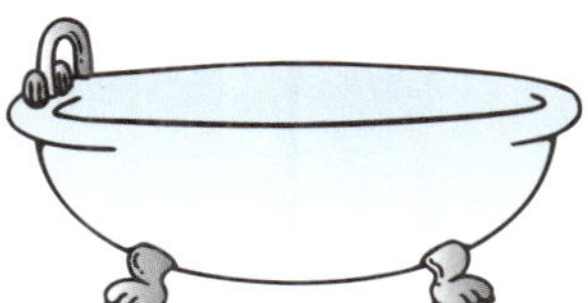

A.   1 litro

B.   150 litros

C.   15 mililitros

4.

A.   5 mililitros

B.   50 mililitros

C.   500 mililitros

Escribe las dos palabras que compongan cada *contracción* (contraction).

5.   she's _______________________

6.   he's _______________________

7.   aren't _______________________

8.   you've _______________________

9.   I've _______________________

10.   I'd _______________________

11.   it's _______________________

12.   haven't _______________________

13.   she'll _______________________

14.   shouldn't _______________________

15.   we'll _______________________

16.   we're _______________________

DÍA 17

Lee el párrafo. A continuación, responde las preguntas.

Changing with the Seasons

We change the types of clothes we wear with the seasons to protect us from the weather. Animals do the same when the seasons change.

For example, the arctic fox has a thick, white fur coat in the winter. A white coat is not easy to see in the snow. This helps the fox hide. When spring comes, the fox's fur changes to brown or gray. It becomes the color of the ground.

The ptarmigan bird, or snow chicken, has white feathers in the winter. It, too, is hard to see in the snow. In the spring, the bird **molts**. This means that it sheds all of its feathers. The bird grows new feathers that are gray or brown and speckled. When the bird is very still, it looks like a rock.

17. What is the passage mostly about?

    A. how people change with the seasons

    B. how seasons change

    C. how animals change with the seasons

18. What color is the arctic fox's fur in the winter?

    A. brown   B. white

    C. black   D. gray

19. What happens to the ptarmigan bird in the spring?

    A. It molts.   B. It flies south.

    C. Its feathers turn red.   D. It hides near rocks.

20. What does **molt** mean in the story?

    A. to change colors   B. to shed feathers

    C. to hide from an enemy   D. to run quickly

ACONDICIONAMIENTO FÍSICO:
Haz 10 abdominales.

* Ve la página ii.

Divide cada conjunto de objetos en 3 grupos iguales. A continuación, divide para encontrar cada *cociente* (quotient).

1. $15 \div 3 =$ _______

2. $21 \div 3 =$ _______

3. $9 \div 3 =$ _______

Encierra en un círculo y escribe la *contracción* (contraction) correcta para completar cada oración.

EJEMPLO:

______**They've**______ never played tennis.

They're   They'll   (They've)

4. _______________ have a really fun time.

We're   We'll   We've

5. _______________ work as hard as I can.

I'm   I've   I'll

6. _______________ got to do it right the first time.

We've   We'll   We're

7. _______________ going to see a movie tonight.

We'll   We're   We've

DÍA 18

Lee la historia sobre Max y Julia. Escribe *M* al lado de las oraciones que describan a Max, y *J* al lado de las oraciones que describan a Julia. Escribe *B* si la oración describe a ambos niños.

Max and Julia

Max and Julia are twins. They have brown eyes and black hair. They are eight years old and go to school. Julia likes math, and Max likes to read. They both like to play outside. Julia likes to play basketball. Max likes to run and play tag. Julia likes to ride her bike while Max walks their dog, Rover.

8. ________ has brown eyes

9. ________ likes to run

10. ________ is a twin

11. ________ likes to play basketball

12. ________ likes to read

13. ________ likes math

14. ________ is eight

15. ________ has a pet

16. ________ likes to ride bikes

17. ________ has black hair

Escribe la letra de la definición correcta al lado de cada palabra de vocabulario.

18. ________ desert

A. a tall piece of land

19. ________ mountain

B. a flowing body of water

20. ________ valley

C. a body of water surrounded by land

21. ________ ocean

D. low land between mountains or hills

22. ________ lake

E. a place that is very dry

23. ________ river

F. a body of water that surrounds continents

DATO: En inglés, un grupo de ranas es llamado «army», que en español significa ejército.

Las palabras importantes en los títulos comienzan con *mayúsculas* (capital letters). Busca el título en cada oración. Marca las letras que deben ir en mayúscula. Utiliza este símbolo de corrección: m.

1. Parker's favorite book is *A year of billy miller*.

2. Have you ever seen the movie *matilda*?

3. When Dad was little, he loved to watch *schoolhouse rock*.

4. Jaden knows all the words to his favorite song, "Don't worry, be happy."

5. Last weekend, we rented the movie *Against the wild*.

6. Grandma used to sing Cam to sleep by singing "walking after midnight."

Abreviar (to abbreviate) una palabra significa acortarla. Traza una línea para conectar cada palabra con su abreviatura correspondiente.

7.			8.		
December	Dr.		Mister	Rd.	
Doctor	oz.		October	ft.	
Thursday	Dec.		foot	Mr.	
ounce	Jan.		Avenue	Ave.	
January	Thurs.		Road	Oct.	

9.			10.		
yard	Jr.		Saturday	Sr.	
March	Wed.		Senior	St.	
Junior	yd.		Monday	Mon.	
inch	in.		Fahrenheit	F	
Wednesday	Mar.		Street	Sat.	

DÍA 19

Los *sustantivos abstractos* (abstract nouns) nombran sentimientos, conceptos e ideas. Algunos ejemplos son *hope, bravery* y *pride.* Subraya el sustantivo abstracto en cada oración.

11. Mr. and Mrs. Ito were filled with pride when Jessica won the spelling bee.

12. Mom always talks about the wonderful childhood she had with her sisters.

13. My favorite thing about Jorge is his kindness.

14. Cole could see the delight on Lea's face as she opened her gift.

15. "I really appreciate your honesty," said Principal Jenkins.

16. I can count on Lindsay to always tell me the truth.

Muchas puertas conducen a lugares y cosas interesantes. Piensa en una puerta que pueda llevarte a un lugar interesante. Describe la puerta y lo que hay detrás de ella. Procura escribir en inglés. Haz un dibujo de tu puerta en una hoja aparte.

____

____

____

____

____

* Ve la página ii.

Los *cuadriláteros* (quadrilaterals) son figuras de cuatro lados. Dibuja un ejemplo de cada *cuadrilátero* que se nombra a continuación. Dibuja un cuadrilátero diferente en el último recuadro.

1. *cuadrado* (square)

2. *rectángulo* (rectangle)

3. *rombo* (rhombus)

4. *otro* (other)

Calcula la *masa* (mass) de cada elemento. Encierra tu respuesta en un círculo.

5. 

   A.   1 gramo   B.   10 gramos   C.   100 gramos

6. 

   A.   2 kilogramos   B.   200 kilogramos   C.   25 kilogramos

7. 

   A.   1 gramo   B.   10 gramos   C.   100 gramos

8.

   A.   1 kilogramo   B.   100 kilogramos   C.   10 kilogramos

PRUEBA DE CARÁCTER: Haz una lista de palabras y oraciones positivas y alentadoras. Consulta tu lista cuando empieces a sentirte desanimado con una tarea.

DÍA 20

Lee el poema. A continuación, responde las preguntas.

Two

Two living things, blowing in the wind.
One stands straight, the other bends.

One is a strong tree growing tall.
The other is grass ever so small.

Both are Mother Nature's gifts.
The tree you can climb. On the grass, you can sit.

Green is their color, brought on by the spring.
Grass or trees, they both make me sing!

9. What two things is the poem comparing?

    A.   the grass and a tree

    B.   a tree and a flower

    C.   the wind and the rain

10. What does the line *Both are Mother Nature's gifts* mean? _______________________

____

11. Read each description. Decide if the words describe the grass, a tree, or both.
    Write an X in each correct column.

Alike or Different?	Grass	Tree
living thing		
stands straight in the wind		
bends in the wind		
tall		
small		
can be climbed		
can be sat on		
green in color		

90

Conservador de toallas de papel

¿Puedes sumergir un vaso con una toalla de papel en un acuario lleno de agua y hacer que la toalla de papel permanezca seca?

Materiales:

- recipiente o acuario grande y transparente
- vaso (de cualquier tamaño)
- toalla de papel seca
- agua

Procedimiento:

En compañía de un adulto, llena el acuario con agua.

Introduce suavemente la toalla de papel en el fondo del vaso. Dale vuelta al vaso asegurándote de que la toalla de papel no se caiga.

Mantén el vaso boca abajo. Bájalo lentamente en el recipiente con agua hasta que la toalla de papel y el vaso estén completamente sumergidos (Nota: el experimento no funcionará si inclinas el vaso). Saca el vaso del agua. ¿La toalla de papel está mojada o seca?

¿De qué se trata esto?

Este experimento demuestra que el aire ocupa espacio. Al bajar el vaso en el recipiente con agua, el aire del interior del vaso desplaza, o empuja, el agua del recipiente. Como el agua se desplaza, la toalla de papel se mantiene seca.

Más ideas divertidas:

Si te cuesta ver cómo el aire ocupa espacio, pon las manos en tu pecho. Inhala, aguanta la respiración y luego exhala. ¿Sentiste cómo el aire ocupa espacio en tus pulmones?

EXTRA

Fricción del aire

¿Qué caería más rápido si cayera desde un edificio de dos pisos: un centavo o una hoja de papel? ¿Cuál golpearía antes el suelo? ¿Cómo afecta el aire a la caída de los objetos?

Materiales:
- hoja de papel
- un centavo
- algunos objetos pequeños e irrompibles

Procedimiento:

Sostén el centavo y la hoja de papel frente a ti y más alto que tu cabeza.

Deja que ambos caigan al mismo tiempo. Repite esta actividad dos veces más.

Ahora, arruga el papel hasta formar una bola apretada. Sostén el papel y el centavo frente a ti y más alto que tu cabeza. Deja que ambos caigan al mismo tiempo. Repite esta actividad dos veces más.

Repite el experimento con dos hojas de papel arrugadas, una suelta y otra apretada. A continuación, ensaya con diferentes monedas y otros objetos. ¿Qué objeto cae más rápido?

¿De qué se trata esto?

Aunque no podamos ver el aire, este tiene fuerza. Al arrugar el papel, has reducido la fuerza que el aire podía ejercer sobre el papel. A esta fuerza la llamamos *fricción* (friction).

A veces, es bueno que el aire tenga mucha fricción. Por ejemplo, una persona que utiliza un paracaídas querría tener fricción. La fricción creada por el paracaídas frenaría su descenso a la Tierra. A veces, es bueno tener menos fricción del aire, como cuando un piloto quiere hacer que un avión vuele rápido.

Más ideas divertidas:

- Haz un paracaídas sencillo que utilice la fricción del aire para frenar la caída de un objeto. Utiliza diferentes materiales (papel, telas, bolsas plásticas) para hacer el paracaídas.

- Con un adulto, busca fotos de diferentes tipos de autos en Internet. Observa sus diseños. ¿Qué autos crees que causan menos fricción con el aire?

Piensa en ello:

- ¿Para qué sirve el texto en negritas que aparece debajo del título del experimento?

¡Localízalo!

La *cuadrícula* (grid) es un conjunto de líneas en un mapa, y las *coordenadas* (coordinates) son las letras y los números junto a la cuadrícula. Ambas te ayudan a localizar lugares en un mapa. Mira la sección B,2 para encontrar el centro comercial en el mapa. Utiliza la cuadrícula del mapa y la leyenda del mapa para rellenar los espacios en blanco con las coordenadas de cada lugar.

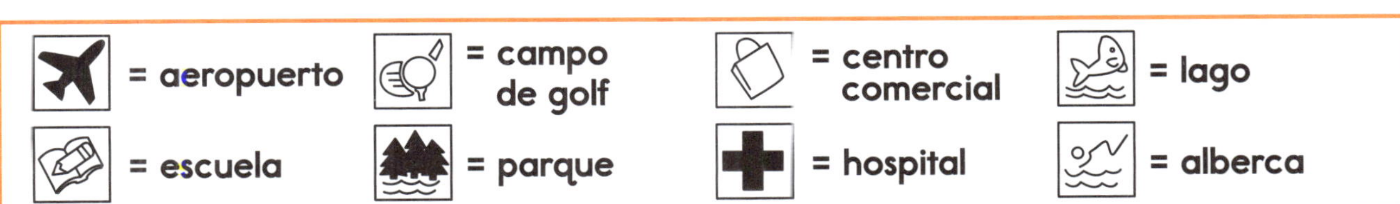

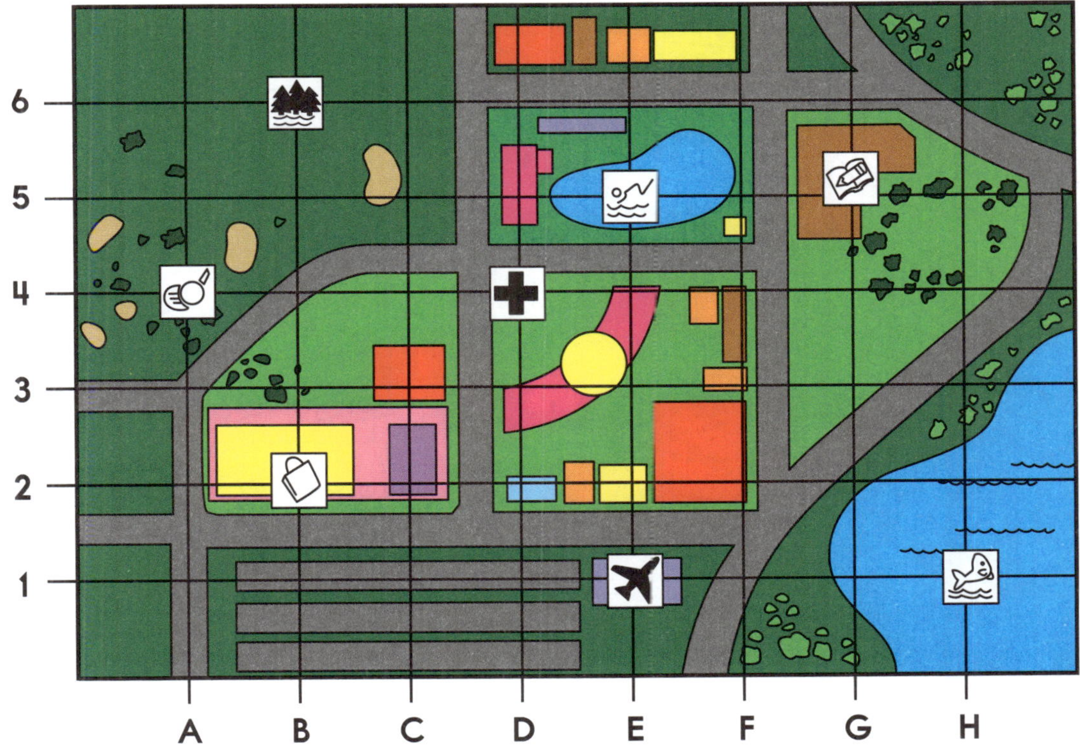

centro comercial ______**B, 2**______

1. lago __________________

2. escuela __________________

3. parque __________________

4. aeropuerto __________________

5. hospital __________________

6. campo de golf __________________

7. alberca __________________

EXTRA

Campeonato de la Ciudad de la Plata

Tu equipo de béisbol favorito jugará el partido por el campeonato. Sigue los pasos para saber dónde están sentados tus amigos.

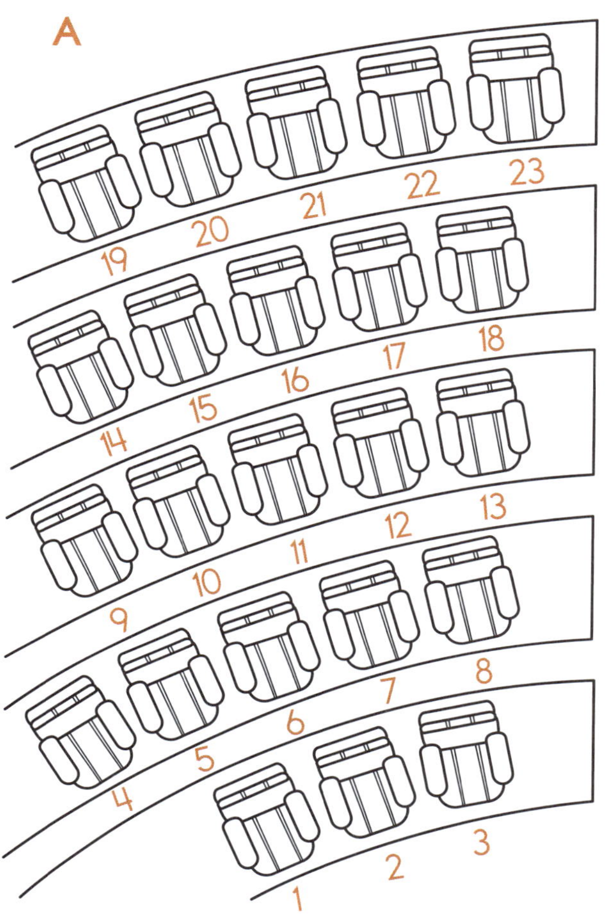

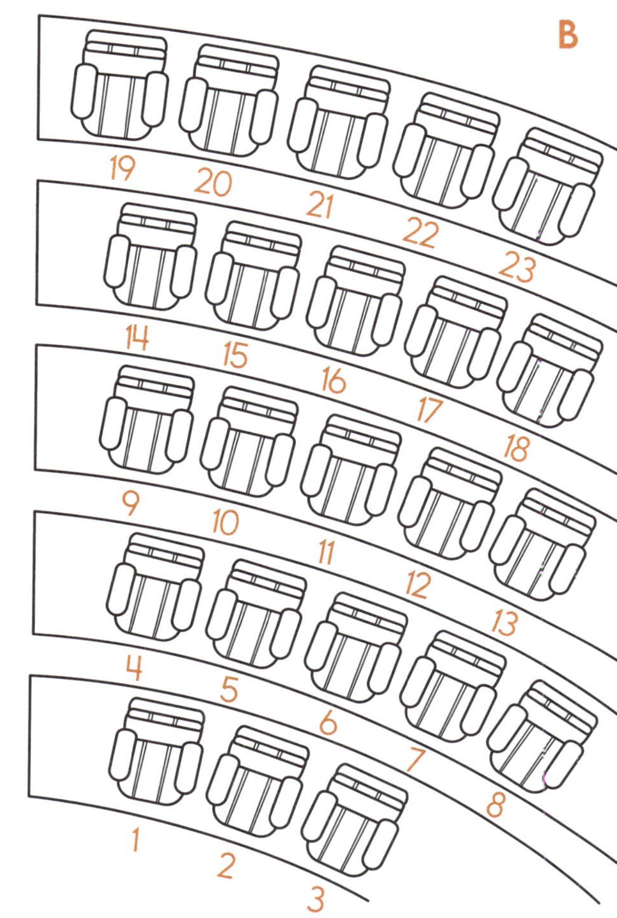

1. Greg está sentado en el asiento A, 11. Dibuja un círculo rojo alrededor del asiento de Greg.

2. Shauna está sentada en el asiento B, 9. Dibuja un cuadrado azul alrededor del asiento de Shauna.

3. Craig está sentado en el asiento B, 5. Dibuja un triángulo verde alrededor del asiento de Craig.

4. Phillip está sentado en el asiento A, 2. Colorea de naranja el asiento de Phillip.

5. Beth está sentada en el asiento A, 6. Colorea de morado el asiento de Beth.

Sopa de letras con continentes

Los *continentes* (continents) son las masas terrestres más grandes de la Tierra. Hay siete continentes en el mundo. Enumera los siete continentes descifrando cada nombre. A continuación, mira el mapa. Escribe la letra de cada continente junto a su nombre.

1. _________ ACIFRÁ ____

2. _________ ARÉCMIA LDE RETON _______________________________________

3. _________ EPRUAO ____

4. _________ ÉMACRIA LED USR ____

5. _________ SAAI ____

6. _________ TARNÁTDAI ____

7. _________ STRLAIAUA ____

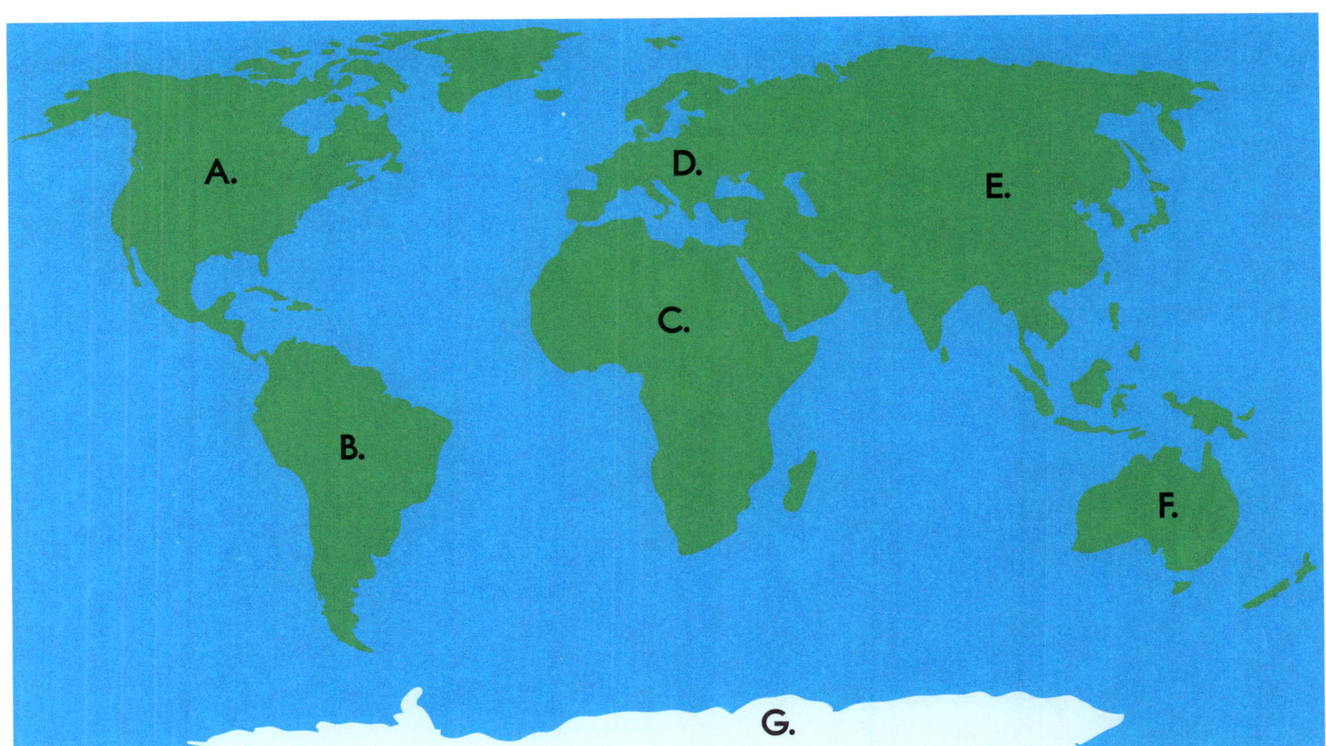

EXTRA

¡Vamos afuera!

Sal a la calle con un adulto. Lleva un cuaderno, un lápiz y una regla que mida pulgadas y centímetros. Busca objetos. Mide su longitud. Anota la longitud de cada objeto en pulgadas y centímetros. Compara las medidas. ¿Cuáles objetos son más cortos y cuáles más largos?

Haz un juego de observación al aire libre con un amigo o familiar. Busca un objeto que tenga una forma geométrica tridimensional (esfera, cubo, cilindro, cono, prisma o pirámide). Describe la forma a tu amigo. Por ejemplo, para describir una pelota de playa, dirías: «Veo una esfera». Túrnense para describir e identificar las formas.

Sal a la calle con un adulto. Lleva un lápiz y un cuaderno. Enumera algunas acciones que hayan ocurrido. Por ejemplo, una casa que hayan *construido* (built), un niño que pasó *caminando* (walking), un hombre que *conducía* (drove) un auto. Cuando hayas terminado, mira los verbos en tiempo pasado de tu lista. Escribe una frase con cada verbo.

* Ve la página ii.

Objetivos mensuales

Piensa en tres objetivos que quieras cumplir este mes. Por ejemplo, puedes querer aprender cinco datos matemáticos nuevos cada semana. Escribe tus objetivos en las líneas y repásalos con un adulto.

Coloca una estrella junto a cada objetivo que cumplas. ¡Siéntete orgulloso de haber cumplido tus objetivos!

1. _______________________________________   COLOCA UNA ESTRELLA AQUÍ.

2. _______________________________________   COLOCA UNA ESTRELLA AQUÍ.

3. _______________________________________   COLOCA UNA ESTRELLA AQUÍ.

Lista de palabras

En esta sección se utilizan las siguientes palabras. Es bueno que las aprendas. Utiliza un diccionario para buscar todas las palabras que no conozcas. A continuación, escribe dos oraciones en inglés. Utiliza al menos una palabra de la lista de palabras en cada oración.

channel (canal)

election (elección)

festival (festival)

gigantic (gigantesco)

mammal (mamífero)

medal (medalla)

pilot (piloto)

schedule (horario)

sibling (hermana)

vote (votar)

1. _______________________________________

____

2. _______________________________________

____

Introducción a la resistencia

Esta sección incluye actividades de acondicionamiento físico y de desarrollo del carácter enfocados en la resistencia. Estas actividades están diseñadas para mantenerte en movimiento y para hacerte pensar en el desarrollo de tu resistencia física y de tu carácter. Si tienes una movilidad limitada, no dudes en modificar los ejercicios sugeridos para adaptarlos a tus capacidades individuales.

Resistencia física

¿Qué tienen en común jugar a las atrapadas, saltar la cuerda y andar en bicicleta? ¡Que son excelentes formas de desarrollar la resistencia física!

Tener resistencia significa realizar una actividad durante un periodo de tiempo antes de que tu cuerpo se canse. Tu corazón es más fuerte cuando tienes resistencia.

Aprovecha las mañanas cálidas y los días soleados para salir al exterior. Elige actividades que te gusten. Invita a un miembro de tu familia a dar un paseo a pie o en bicicleta. Juega un partido de baloncesto con tus amigos. Deja las actividades menos intensas para cuando esté oscuro, haga demasiado calor o llueva.

Establece un objetivo de resistencia para este verano. Por ejemplo, podrías saltar la cuerda todos los días hasta que puedas saltarla por dos minutos sin parar. Establece nuevos objetivos cuando cumplas los anteriores. ¡Enorgullécete de tus éxitos en materia de resistencia!

Resistencia y desarrollo del carácter

Demostrar resistencia mental significa perseverar. Continuar con una tarea cuando sientes ganas de abandonarla y trabajar hasta que esté terminada son formas de demostrar resistencia mental.

Desarrolla tu resistencia mental este verano. Piensa en un momento en el que te hayas sentido frustrado o aburrido. Tal vez querías tomar clases de natación. Pero, después de unas cuantas lecciones, no fue tan divertido como imaginabas. Piensa en algunos puntos clave, como lo mucho que pediste tomar lecciones durante toda la primavera. Sé positivo. Recuérdate a ti mismo que solo has tomado unas pocas lecciones. Puede que te acostumbres a las lecciones de madrugada. Piensa en formas de hacer que las clases sean más agradables, como por ejemplo, acostándote un poco más temprano. Renunciar debería ser la última opción.

Desarrolla tu resistencia mental ahora. ¡Te ayudará a prepararte para los retos futuros!

Di una cosa en la que se parezcan y se diferencien las figuras de cada pareja.

1. 

____

2. 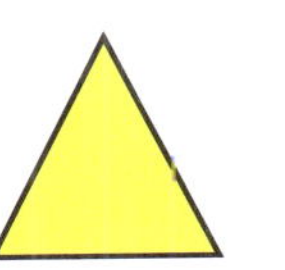

____

3.  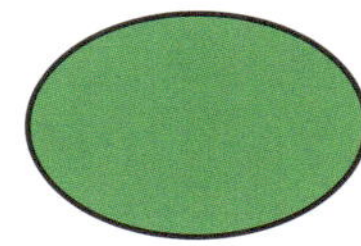

____

4.  

____

Subraya el verbo que complete cada oración.

5. Benji and Kate (are, is) going on a fall scavenger hunt.

6. Benji (spot, spots) a pumpkin on a neighbor's porch.

7. Kate (sees, see) a scarecrow.

8. Leaves (dance, dances) along the sidewalk as a breeze blows.

9. The oak tree at the end of the street (drop, drops) acorns on the ground.

10. Busy squirrels (gather, gathers) the nuts.

11. The children (hears, hear) the sound of geese calling overhead.

DÍA 1

Lee las historias. Encierra en un círculo lo que sucede a continuación.

12. Jeff put his arms around the box. He could not lift it. He would need some help. The box was too heavy for him.

    Jeff will_________________________.

    A. run outside and play
    B. ask his dad for help
    C. sit on the box
    D. send the box to his friend

13. The children were playing outside. It started to get dark. They saw a flash of light and heard a loud sound. The wind began to blow.

    "Let's go," shouted Hunter. "It's_________________________."

    A. time to eat
    B. going to blow us away
    C. going to rain soon
    D. time for bed

Utiliza una conjunción del cuadro para completar cada oración. No utilices la misma conjunción más de una vez.

| and | although | while | but | or | because | until | whether |

14. _________________________ Mom doesn't like coffee, she loves the way it smells.

15. Enzo took out the garbage, _________________________ Maria washed the dishes.

16. _________________________ the sun comes out or not, we will enjoy the party.

17. Mickey is almost a year old, _________________________ he is not walking yet.

18. Please don't open your gifts _________________________ your grandparents get here.

19. Samuel has to go to the doctor _________________________ he has an earache.

COLOCA UNA ESTRELLA AQUÍ.

Michi está ayudando a su padre a construir un gallinero. Su padre le pidió que midiera la longitud de las tablas en el garaje. Dibuja una X en el diagrama de líneas para mostrar la medida de cada tabla.

Tabla A	$38 \frac{1}{2}$ pulgadas
Tabla B	$40 \frac{3}{4}$ pulgadas
Tabla C	$38 \frac{1}{2}$ pulgadas
Tabla D	$41 \frac{1}{4}$ pulgadas
Tabla E	$38 \frac{1}{2}$ pulgadas
Tabla F	$40 \frac{3}{4}$ pulgadas

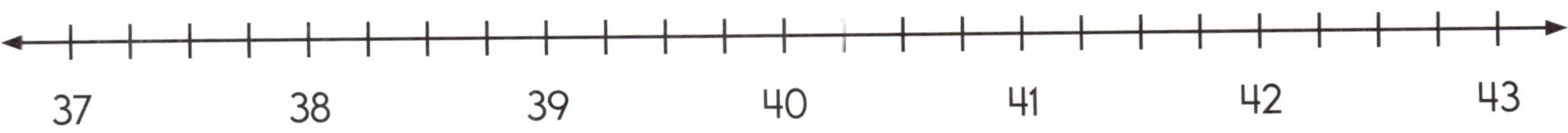

37   38   39   40   41   42   43

Añade la terminación indicada a cada *palabra base* (base word) para formar una nueva palabra. No olvides cambiar la ortografía de la palabra base al añadir la terminación.

Cambia la *y* por *i*:

1. try + es = _______________

2. happy + ness _______________

Duplica la consonante final:

3. sit + ing = _______________

4. hop + ed = _______________

Suprime la *e* final:

5. smile + ed = _______________

6. slide + ing = _______________

Cambia *ie* por *y*, o la *y* por *ie*:

7. lie + ing = _______________

8. puppy + s = _______________

DÍA 2

Para hallar el área de un rectángulo, multiplica su *base* (width) por su *altura* (height). Resuelve cada problema.

9. Tamika quiere comprar una alfombra de 5 pies de ancho por 7 pies de largo. ¿Qué área cubrirá su alfombra?

   _______________ pies cuadrados.

10. La piscina del patio trasero de Jordan tiene 16 pies de largo por 10 pies de ancho. ¿Cuál es el área de su piscina?

    _______________ pies cuadrados.

11. A Max le regalaron una colchoneta para hacer volteretas en su cumpleaños. Tiene 12 pies de largo por 6 pies de ancho. ¿Cuál es el área de la colchoneta?

    _______________ pies cuadrados.

12. El señor O'Malley tiene que reemplazar parte del techo de su garaje. La parte dañada mide 5 pies de ancho por 3 pies de largo. ¿Cuál es su área?

    _______________ pies cuadrados.

Imagina que estás recogiendo objetos para una cápsula del tiempo que se abrirá dentro de 20 años. ¿Qué cosas pondrías en la cápsula que cuenten sobre tu vida actual? Procura escribir en inglés.

____

____

____

____

Suma o resta para resolver cada problema.

1. 240
    +125

2. 346
    +231

3. 115
    +460

4. 219
    +674

5. 532
    +164

6. 756
    −110

7. 875
    −241

8. 679
    −336

9. 572
    −320

10. 348
     −123

11. 435
     +28

12. 568
     +272

13. 626
     +193

14. 271
     +378

15. 492
     +247

Escribe *N* si el verbo está en *presente* (present tense), es decir, que está ocurriendo ahora. Escribe *P* si el verbo está en *pasado* (past tense), es decir, que ya ocurrió. Escribe *F* si el verbo está en tiempo *futuro* (future tense), es decir, que ocurrirá más adelante.

16. _______ We will eat later.

17. _______ I have a sandwich.

18. _______ Grant ate a pickle.

19. _______ We will go home soon.

20. _______ I love pickles!

21. _______ Mia is having a party.

22. _______ I swam with my friends.

23. _______ Ian cleaned his room.

* Ve la página ii.

103

DÍA 3

Lee el horario de los programas de televisión. A continuación, responde las preguntas.

Channel	Time							
	7:00	7:30	8:00	8:30	9:00	9:30	10:00	10:30
2	Quiz Game Show	Jump Start		Summer the Dog			News	
4	Lucky Guess	You Should Know	Wednesday Night at the Movies Friends Forever				News	
5	Best Friends	Mary's Secret	Where They Are	Time to Hope	Tom's Talk Show		News	
7	123 Oak Street	Lost Alone	One More Time	Sports			News	
11	Your Health	Eating Right	Food News		Cooking With Kate		Home Decor	Shop Now
24	Silly Rabbit	Clyde the Clown	Ball o' Fun	Slime and Rhyme	Cartoon Alley		Fun Times	Make Me Laugh

24. What does this schedule show?

    A. times and channels of TV shows

    B. times and channels of radio programs

    C. the number of people who like different shows

25. On which channels is the news on at 10:00?

    A. 2, 5, and 11   B. 3, 4, and 11   C. 2, 4, 5, and 7

26. What time does the show *Silly Rabbit* begin?

    A. 7:00   B. 7:30   C. 8:30

DATO: Los camellos tienen tres pares de párpados para proteger sus ojos de la arena.

COLOCA UNA ESTRELLA AQUÍ.

Sigue las instrucciones.

1. Dibuja líneas para dividir el cuadrado en 4 partes iguales. Escribe los números en las casillas para hacer una fracción que nombre una de las partes.

 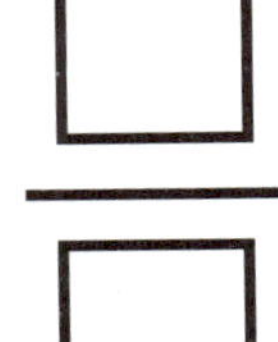

2. Dibuja líneas para dividir el rectángulo en 6 partes iguales. Escribe los números en las casillas para hacer una fracción que nombre una de las partes.

 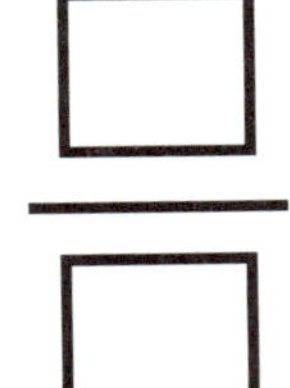

3. Dibuja líneas para dividir el círculo en 3 partes iguales. Escribe los números en las casillas para hacer una fracción que nombre una de las partes.

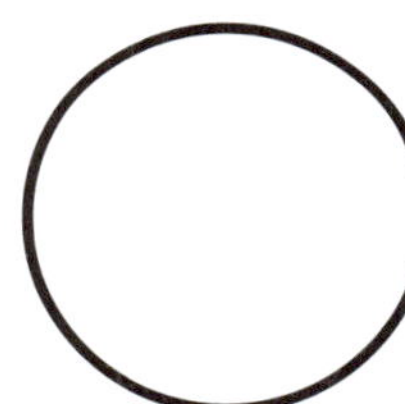 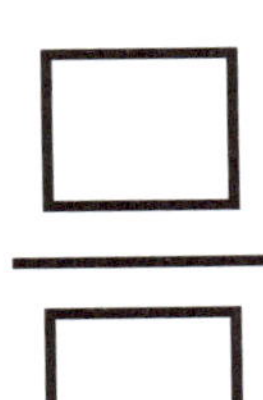

Cambia cada *oración declarativa* (declarative sentence) por una *oración interrogativa* (interrogative sentence).

EJEMPLO:

The busy mail carrier is leaving. _____Is the busy mail carrier leaving?_____

4. That man is Gary's father. _______________________________

5. She can ride her new bike. _______________________________

6. I will ride the black horse. _______________________________

DÍA 4

En un diccionario, las *palabras guía* (guide words) están en la parte superior de cada página. La palabra guía de la izquierda indica la primera palabra que aparece en la página. La palabra guía de la derecha indica la última palabra que aparece en la página. Encierra en un círculo la palabra que estaría en la página con cada conjunto de palabras guía.

7. **patter — penguin**

    panda   pit   paw

8. **match — monkey**

    math   magic   motor

9. **bear — buffalo**

    bunny   bat   bison

10. **hammer — happy**

    hall   hand   hair

11. **rabbit — rack**

    race   racket   radio

Corre por diversión y resistencia

Correr es una forma maravillosa de mejorar tu resistencia. Ponte unas zapatillas cómodas para correr y estira durante unos minutos. Ya sea que corras en un mismo lugar, en el patio o en el parque, cronometra el tiempo que corres. Repite estas carreras unas cuantas veces por semana. Después de cada carrera, anota el tiempo que corriste. Intenta aumentar ligeramente el tiempo cada semana. Al final del verano, podrás correr por más tiempo y habrás aumentado tu resistencia.

ACONDICIONAMIENTO FÍSICO:
Trota 30 segundos en un mismo lugar.

* Ve la página ii.

Escribe un problema de multiplicación para encontrar el área de cada rectángulo.

1. 

Área = _______ × _______ = _______ unidades cuadradas.

2. 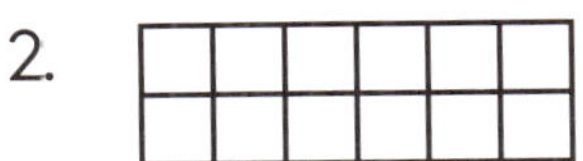

Área = _______ × _______ = _______ unidades cuadradas.

3. 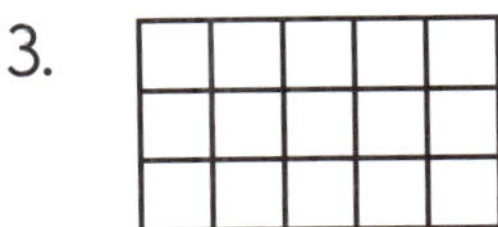

Área = _______ × _______ = _______ unidades cuadradas.

4. 

Área = _______ × _______ = _______ unidades cuadradas.

Una *oración exclamativa* (exclamatory sentence) muestra emociones o sentimientos fuertes. Escribe *E* para cada oración exclamativa. Escribe *D* para cada *oración declarativa* (declarative sentence). Escribe *I* para cada *oración interrogativa* (interrogative sentence).

5. _______ What did they say?

6. _______ I am so happy for you!

7. _______ It's a boy!

8. _______ That is wonderful news!

9. _______ The card is green.

10. _______ Can I borrow a pencil?

Escribe cada oración exclamativa con una letra mayúscula y un signo de exclamación (!).

11. watch out ____

12. i had a great day ____

DÍA 5

Lee la historia. A continuación, completa el dibujo para que coincida con la historia.

Margaret planted five flowers in pots. She put the flowers in a row. The white flower was in the middle. The purple flower was second. The orange flower was not first. The yellow flower was last. Where was the pink flower? Where does the orange flower go?

Escribe los *adjetivos comparativos* **(comparative adjectives) que faltan.**

13.	fast	________________	________________
14.	________________	________________	tallest
15.	________________	colder	________________
16.	bright	________________	brightest
17.	________________	deeper	________________
18.	kind	________________	________________

Multiplica para encontrar cada producto. A continuación, dibuja una línea para que cada conjunto coincida con el problema de multiplicación correcto.

EJEMPLO:

$4 \times 3 =$ **12**

1. $3 \times 3 =$ _________

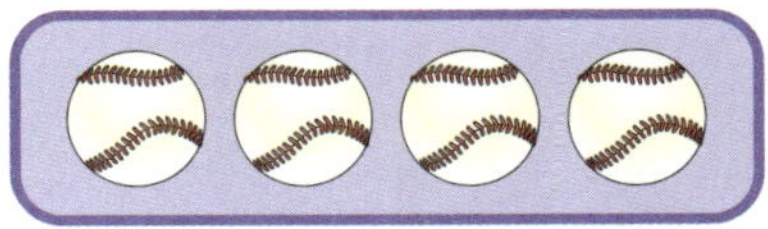 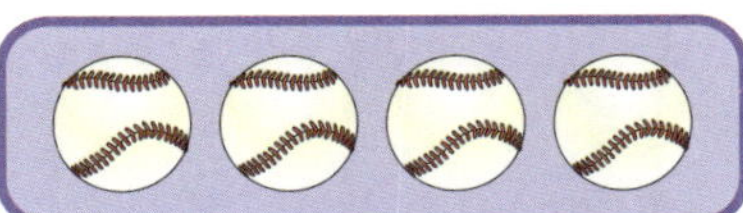

2. $5 \times 2 =$ _________

3. $3 \times 2 =$ _________

4. $2 \times 4 =$ _________

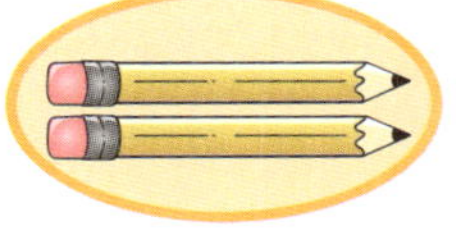 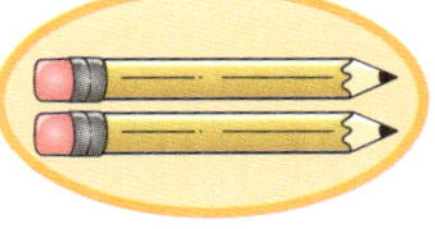 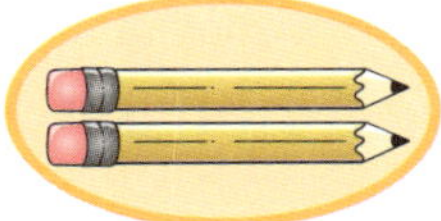

Una *oración imperativa* (imperative sentence) da una orden. Escribe *IM* para cada oración imperativa. Escribe *D* para cada *oración declarativa* (declarative sentence). Escribe *I* para cada *oración interrogativa* (interrogative sentence). Escribe E para cada *oración exclamativa* (exclamatory sentence).

5.   _________   Make a card for Mom.

6.   _________   Use markers.

7.   _________   She will love it!

8.   _________   Show your mom.

9.   _________   Tell her how you made it.

10.   _________   Cards are great gifts.

11.   _________   Has your dad seen it?

12.   _________   The card looks great!

DÍA 6

Lee la historia. A continuación, responde las preguntas.

The Giant Cookie

My mother baked a giant cookie for me. I sat on my porch to eat it. But, before I could take a bite, my friend Ivy came by.

"Will you share your cookie with me?" Ivy asked. I broke my cookie into two pieces: one for me and one for Ivy. But, before we could each take a bite, Jermaine and Drew came by.

"Will you share your cookie with us?" they asked. Ivy and I each broke our cookie into two more pieces. Now, we had four pieces: one for me, one for Ivy, one for Jermaine, and one for Drew. But, before we could each take a bite, four more friends came by.

"Will you share your cookie with us?" they asked. Ivy, Jermaine, Drew, and I all broke our pieces in half. Now, we had enough to share between eight friends. I looked at my giant cookie. It was not a giant cookie anymore.

"Hey, does anyone know what is gigantic when there's one but small when there are eight?" I asked.

"No, what?" my friends asked.

"My cookie!" I laughed.

13. What happened to the cookie?

     A.   It was shared between friends.   B.   It was lost.

     C.   It ran away.   D.   It was dropped on the floor.

14. Number the events from the story in order.

     __________   Jermaine and Drew came by.

     __________   Mother baked a cookie.

     __________   Ivy came by.

     __________   Four friends came by.

DATO: Cada tonelada de papel reciclado salva unos 24 árboles.

Multiplica para encontrar cada producto.

1. $5 \times 1 =$ _____________

2. $5 \times 5 =$ _____________

3. $3 \times 4 =$ _____________

4. $1 \times 0 =$ _____________

5. $2 \times 2 =$ _____________

6. $4 \times 5 =$ _____________

7. $3 \times 5 =$ _____________

8. $1 \times 1 =$ _____________

9. $2 \times 5 =$ _____________

10.
$$\begin{array}{r} 7 \\ \times 1 \\ \hline \end{array}$$

11.
$$\begin{array}{r} 4 \\ \times 2 \\ \hline \end{array}$$

12.
$$\begin{array}{r} 2 \\ \times 3 \\ \hline \end{array}$$

13.
$$\begin{array}{r} 3 \\ \times 3 \\ \hline \end{array}$$

14.
$$\begin{array}{r} 4 \\ \times 0 \\ \hline \end{array}$$

Escribe dos *oraciones exclamativas* (exclamatory sentences) y dos *oraciones declarativas* (declarative sentences). Utiliza una palabra del banco de palabras en cada oración .

attention	calmly	famous	free	million
moment	rain	shiver	station	strange

15. ____

16. ____

17. ____

18. ____

PRUEBA DE CARÁCTER: Piensa en algunos obstáculos que podrías encontrar al tratar de alcanzar tus objetivos este verano. Escribe una forma de superar cada obstáculo.

DÍA 7

Utiliza la entrada del diccionario para responder las preguntas.

> **germ** \'jerm\ *n* **1.** disease-producing microbe **2.** a bud or seed

19.   What part of speech is *germ*?_______________________________________

20.   Which definition of *germ* deals with growing plants? ___________________

21.   Would *germinate* come before or after *germ* in the dictionary? ___________

22.   Use *germ* in a sentence. ____

____

Escribe un título para cada lista.

23.   ________________________________

robin
wren
blue jay
canary

24.   ________________________________

paper
glue
scissors
crayons

25.   ________________________________

lion
tiger
bear
elephant

26.   ________________________________

milk
tea
water
juice

* Ve la página ii.

© Carson Dellosa Education

Resuelve cada problema.

1. Maddie tiene 3 jarrones con 4 flores en cada jarrón. ¿Cuántas flores tiene en total?

   _____ × _____ = _____ flores

2. Mario tiene 4 paquetes de chicles. Hay 5 chicles en cada paquete. ¿Cuántos chicles tiene?

   _____ × _____ = _____ chicles

3. Jawan tiene 3 vasos. Puso 2 popotes en cada vaso. ¿Cuántos popotes puso Jawan en los vasos?

   _____ × _____ = _____ popotes

4. Tenemos 4 mesas para la fiesta. Cada mesa necesita 4 sillas. ¿Cuántas sillas necesitamos en total?

   _____ × _____ = _____ sillas

Subraya el pronombre que completa cada oración.

5. Caleb borrowed six books from the library, but he has lost one of (it, them).

6. At the fair, several kids lost (them, their) balloons.

7. Taj has three frogs as pets and loves (their, them) very much.

8. Liam remembered to brush (their, his) teeth before school.

9. The hurricane made landfall at 6:00, and (it, them) is headed this way!

10. Each of the girls gets an apple for (her, his) snack.

DÍA 8

Lee el párrafo. A continuación, responde las preguntas.

Megan's Day

Megan got up late today, so she missed the bus. Her mother had to walk Megan to school. She was tired and cranky when she got there. She promised herself that she would never sleep late again.

11. Why did Megan miss the bus? _______________________________________

12. Why did she have to walk? _______________________________________

____

13. What advice do you have for Megan? _______________________________________

____

Imagina que un día, al ir al buzón, encuentras un mapa del tesoro con una carta dirigida a ti. Escribe una historia sobre la carta y el mapa. ¿Quién te envió la carta? Si buscas el tesoro, ¿lo encontrarás? Si lo encuentras, ¿qué es?

____

____

____

____

____

DATO: Los desiertos cubren el 25% de la superficie de la Tierra.

114

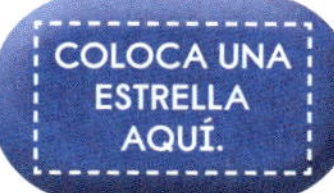

Divide cada conjunto de objetos en 2 grupos iguales. A continuación, divide para hallar cada cociente.

1.

6 ÷ 2 = ______

2.

4 ÷ 2 = ______

3.

10 ÷ 2 = ______

4.

8 ÷ 2 = ______

Una *oración simple* (simple sentence) tiene un sujeto y un verbo. Una *oración compuesta* (compound sentence) son dos oraciones simples unidas por una conjunción como *and*. Una *oración compleja* (complex sentence) es una oración simple combinada con un grupo de palabras, llamado *cláusula* (clause).

Lee cada una de las siguientes oraciones. En la línea, escribe *S* si es una oración simple, *C* si es una oración compuesta y *CX* si es una oración compleja.

5. ________ The hummingbird drank from a flower, and then it flew away.

6. ________ Billy went to the park on Saturday.

7. ________ Because Lucia has a beautiful voice, she's going to take singing lessons this fall.

8. ________ Sarah plays basketball every day.

9. ________ Although the temperature dropped last night, the plants were okay.

10. ________ Ansel stopped at the library, but the book he ordered wasn't in yet.

DÍA 9

Lee el párrafo. A continuación, sigue las instrucciones.

Lauren's Summer

Lauren is very busy in the summer. She likes to sleep until eight o'clock in the morning. After she gets up, she helps her father work in the garden. Lauren reads and plays with her friends every day. She also likes to swim and play soccer with her brothers. Most of all, she likes to ride her bike.

11. Underline the topic sentence.

12. What time does Lauren get up? ____

13. How does Lauren help her father?____

14. Write three other things that Lauren likes to do in the summer. _________________

____

Subraya un adverbio para completar cada oración.

15. Our puppy plays (more joyfully, joyfuller) with children than anyone else.

16. Joseph arrived (latest, most late) at the theater.

17. Please try to whisper (softer, more softly) while the baby sleeps.

18. Eli jumped (most farthest, farthest) of anyone in the competition.

19. The stars seem to shine (brightliest, most brightly) far from the city.

20. My sister completed the craft (carefullier, more carefully) than I did.

* Ve la página ii.

Compara las fracciones que muestran las áreas coloreadas en cada par de círculos. Utiliza los símbolos mayor que (>), menor que (<) o igual a (=).

1. 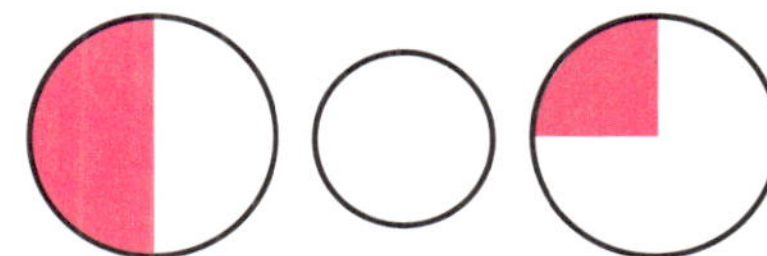

2. 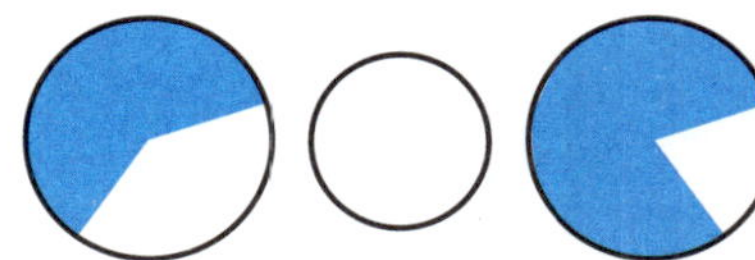

3. 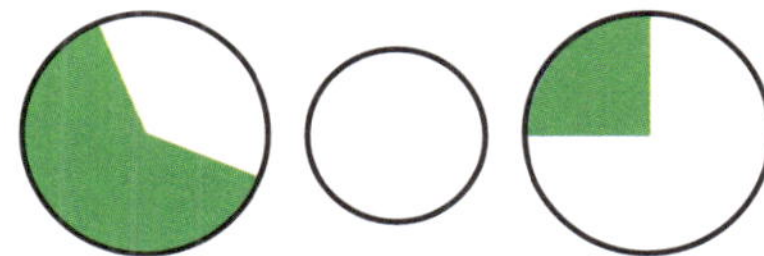

4. 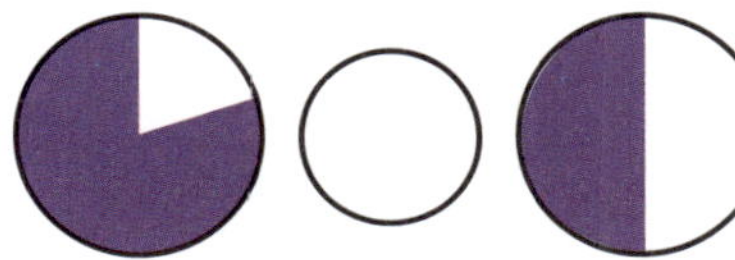

5. 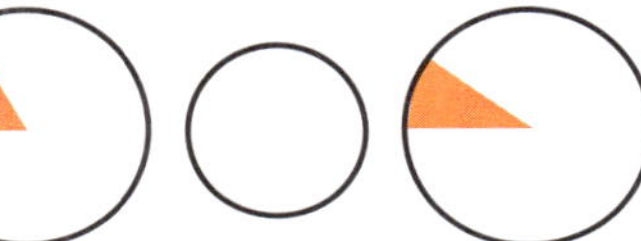

6. 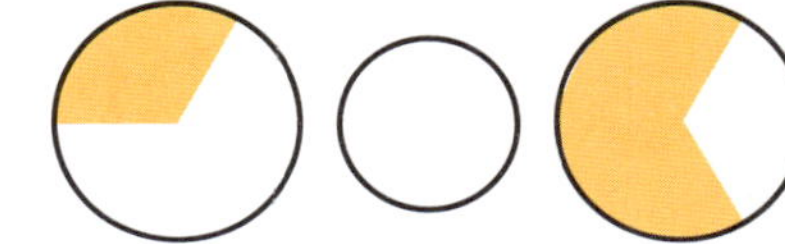

Pon en mayúsculas la primera, la última y todas las palabras importantes del título de un cuento o de un libro. Escribe correctamente el título de cada cuento.

EJEMPLO:

an exciting camping trip _______________ <u>An Exciting Camping Trip</u> _______________

7. my ride on a donkey ____

8. the day I missed school ____

9. fun, fabulous pets ____

10. a fire drill ____

11. my summer job ____

DÍA 10

Los números pueden multiplicarse de diferentes maneras para obtener el mismo *producto* (product). Escribe un producto en cada espacio en blanco.

12. $(2 \times 3) \times 4 = 24$

   $6 \times 4 =$ _______________

13. $3 \times 6 = 18$

   $6 \times 3 =$ _______________

14. $(3 \times 4) + (3 \times 2) = 18$

   $3 \times (4 + 2) =$ _______________

15. $15 \times 2 = 30$

   $2 \times 15 =$ _______________

16. $(6 \times 2) \times 4 = 48$

   $12 \times 4 =$ _______________

Palabras similares pueden tener diferentes matices de significado. Escribe cada palabra en la oración donde tenga más sentido.

17. **happy, overjoyed**

   Sonya was _______________ to see her grandparents for the first time in nearly ten years.

   Lucas was _______________ that he could sleep in on Saturday morning.

18. **cross, furious**

   Miguel felt _______________ when he couldn't find his football helmet.

   Mrs. Hitch was _______________ that the babysitter forgot to pick up the kids at school.

19. **gigantic, large**

   A _______________ moth fluttered around the porch light.

   During the hurricane, several _______________ waves nearly destroyed the village.

Divide para encontrar cada cociente.

1. $6\overline{)36}$
2. $7\overline{)42}$
3. $8\overline{)56}$
4. $5\overline{)45}$

5. $3\overline{)21}$
6. $9\overline{)63}$
7. $4\overline{)36}$
8. $6\overline{)54}$

Lee la historia. Encierra en un círculo cada palabra que deba tener una *letra mayúscula* (capital letter). A continuación, responde las preguntas sobre la historia.

Our Camping Trip

mom, dad, and i went camping last week. We went with Uncle seth and Aunt kay.

We had fun. Dad and uncle seth climbed on rocks. Aunt kay and I saw a chipmunk.

We all hiked on exciting trails. There was only one problem. mom, dad, and i did not

bring sweaters. Dad said that it would be warm in the desert. He was wrong. At night,

it was very cold. uncle Seth and aunt kay had sweaters. Mom, dad, and I stayed close

to the fire. Next time, we will bring warmer clothes.

9. What was Dad wrong about? ____

10. Who tells the story? ____

11. How do Mom, Dad, and the author solve their problem?_______________________

____

DÍA 11

Lee cada oración. A continuación, encierra en un círculo si la oración es considerada como realidad o fantasía.

12. A beaver is a mammal that builds dams.

    realidad   **fantasía**

13. The fairy lived inside a mushroom.

    realidad   **fantasía**

14. People can build brick walls.

    realidad   **fantasía**

15. The dog sang a song.

    realidad   **fantasía**

Escribe un número en la estrella para completar cada ecuación.

16. $8 \times \underline{\quad} = 56$

17. $\underline{\quad} \div 9 = 2$

18. $7 \times 4 = \underline{\quad}$

19. $\underline{\quad} \times 10 = 90$

20. $40 \div \underline{\quad} = 8$

21. $5 \times \underline{\quad} = 35$

22. $\underline{\quad} \times 3 = 21$

23. $20 \div 4 = \underline{\quad}$

24. $\underline{\quad} \div 6 = 6$

25. $100 \div \underline{\quad} = 10$

DATO: Las jirafas tienen la lengua muy larga. ¡Pueden lamerse los ojos!

COLOCA UNA ESTRELLA AQUÍ.

La fracción $\frac{3}{1}$ es lo mismo que el *número entero* (whole number) 3. Escribe números en las casillas para hacer una fracción que muestre cada número entero.

1. 5

2. 11

3. 24

4. 9

Responde las preguntas.

5.   ¿Cuántos cuartos hacen un entero? _______________________________

6.   ¿Cuántos octavos hacen un entero? _______________________________

7.   ¿Cuántos doceavos hacen un entero? _______________________________

8.   ¿Cuántos quintos hacen un entero? _______________________________

Añade comas y comillas donde sea necesario. Utiliza este símbolo para añadir una coma ⌄, y este símbolo para añadir comillas ⌄.

9.   "Did you know that Reid lives in Dallas, Texas?

10.   "Mr. Jarvis is my neighbor said Grandma.

11.   Is Caleb's birthday in April?" asked Sasha.

12.   "My mother and I shop at Smith's Market" I added.

13.   What is your favorite month of the year? asked Rosie.

Lee el pasaje. A continuación, responde las preguntas.

Amelia Earhart

Amelia Earhart was a famous airplane pilot. She was born in 1897. She saw her first airplane at the Iowa State Fair at age 10. Amelia Earhart started taking flying lessons in 1921. Then, she bought her first plane. She named the plane *Canary* because it was bright yellow.

In 1932, Amelia Earhart became the first woman to fly alone across the Atlantic Ocean. The U.S. Congress gave her a medal called the *Distinguished Flying Cross* after this accomplishment. Amelia Earhart set many new flying records. Also in 1932, she became the first woman to fly alone nonstop from one coast of the United States to another. In 1937, she decided to fly around the world. Her plane was lost over the Pacific Ocean. Amelia Earhart was never heard from again.

14. What is the main idea of this passage?

    A. Amelia Earhart flew around the world.

    B. Amelia Earhart was a famous pilot who set many flying records.

    C. Amelia Earhart had a yellow airplane called *Canary*.

15. How does the author order or organize the information in this passage? _________

____

16. Why did Earhart call her first airplane *Canary*? _______________________________

17. Why did Earhart receive a medal? ___________________________________

____

18. What happened to Earhart in 1937? ___________________________________

* Ve la página ii.

Cuando dices: «Está lloviendo a cántaros», no quieres decir realmente que estén cayendo vasijas del cielo. Estás utilizando una *expresión idiomática* (idiom) o jerga. Escribe una oración que utilice cada uno de las siguientes expresiones idiomáticas.

1. I'm all ears

   ____

2. green thumb

   ____

3. get the ball rolling

   ____

4. hit the hay

   ____

Descifra y reescribe cada oración correctamente. Añade las *mayúsculas* (capital letters) donde sea necesario. Escribe un punto (.) o un signo de interrogación (?) al final de cada oración.

5. birds do live where ____

6. very my hard works sister ____

7. swim can like fish a she ____

8. green grass why is ____

9. water fish in live ____

10. park the go can when we to ____

11. the did go she to store why ____

12. is what name his ____

13. love to i play basketball ____

DÍA 13

Lee la historia. A continuación, encierra en un círculo la letra del mejor resumen.

Water Fun

Larry loved to play in the water. Every time it rained, he would run outside to play in the puddles. His dog splashed in the water with him. Larry splashed water on anyone who came near. Soon, his friends would not play with him because he always got them wet. One day, a big truck went by and splashed water all over Larry. He got so wet that he decided not to splash people anymore.

14.   A.   Larry liked to play in puddles of water. He got wet. He did not splash anymore after that.

       B.   Larry liked to play in puddles of water. He splashed water on people. One day, a truck splashed him. He stopped splashing others.

Una lección de vida

Perseverar significa seguir intentando inclusive cuando las cosas se ponen difíciles. Piensa en alguna ocasión en donde hayas mostrado perseverancia, como cuando aprendiste a andar en bici. Trata de recordar lo difícil pero también lo emocionante que fue alcanzar tu meta.

Date tiempo de ayudar a tu hermano menor o vecino a adquirir un nuevo talento.

Explícale el significado de la perseverancia si se siente frustrado. Háblale acerca de lo difícil que fue para ti adquirir esa habilidad cuando eras más joven. También puedes compartir tus metas actuales. Celebra su éxito cuando alcance la meta. Siéntete orgulloso de que le ayudaste a perseverar y tener éxito.

DATO: Los halcones peregrinos viven en todos los continentes excepto en la Antártida.

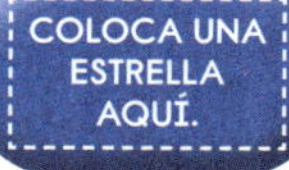

Marca cada fracción en la línea numérica de al lado.

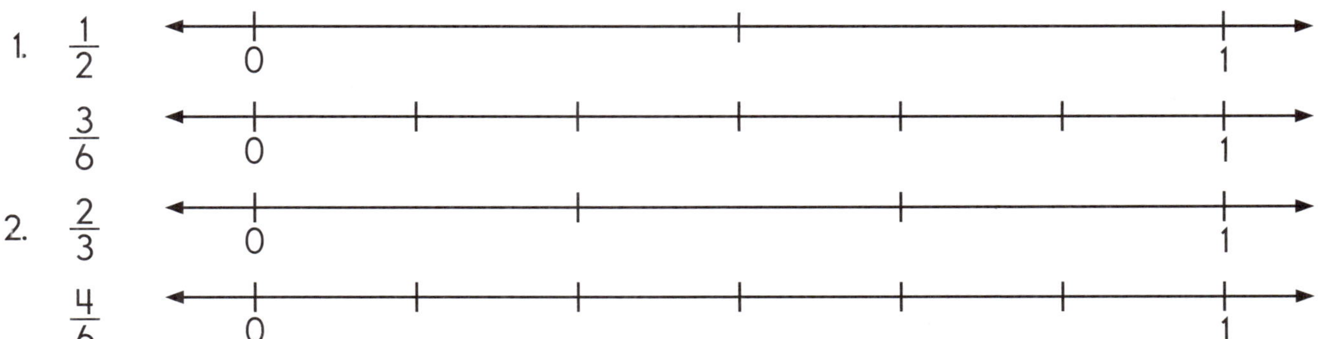

1. $\dfrac{1}{2}$

   $\dfrac{3}{6}$

2. $\dfrac{2}{3}$

   $\dfrac{4}{6}$

3. $\dfrac{3}{4}$

   $\dfrac{6}{8}$

4. ¿Qué observas en las fracciones de cada par? _______________________________

Añade una oración simple después de cada conjunción de abajo para formar una oración compuesta.

EJEMPLO: Mr. Sanchez is a teacher, but
Mr. Sanchez is a teacher, but he doesn't work at my school.

5. Dad is teaching Omar how to mow the lawn, but

   ____

6. Hannah feeds the cats each morning, or

   ____

7. It is supposed to snow on Tuesday, so

   ____

8. Beatrix just joined the swim team, and

   ____

DÍA 14

Mira el índice de un libro sobre flores. A continuación, escribe el número de página donde encontrarías la información sobre cada flor.

9. tulip _______________________

10. pansy _______________________

11. daisy _______________________

12. rose _______________________

13. zinnia _______________________

14. lily _______________________

A		G		R	
allium	45	gardens	2	rose	21
aster	62	gladiolus	7	S	
B		I		stamen	6, 7
blossoms	13	iris	8	stigma	6, 7
buttercup	65	L		T	
C		larkspur	47	thistle	27
cowslip	25	lily	42	tulip	26
D		M		W	
daffodil	27	marigold	29	wisteria	20
dahlia	19	P		Z	
daisy	15	pansy	31	zinnia	60
		petals	6		

Piensa en algo que conozcas bien. ¿Te gusta jugar baloncesto o patinar sobre hielo? ¿Te gusta la repostería o escalar? ¿Te encantan los dinosaurios o los gatos? Escribe un párrafo que comparta información sobre un tema del que sepas todo. Puedes escribir en inglés o en español.

____

____

____

____

____

____

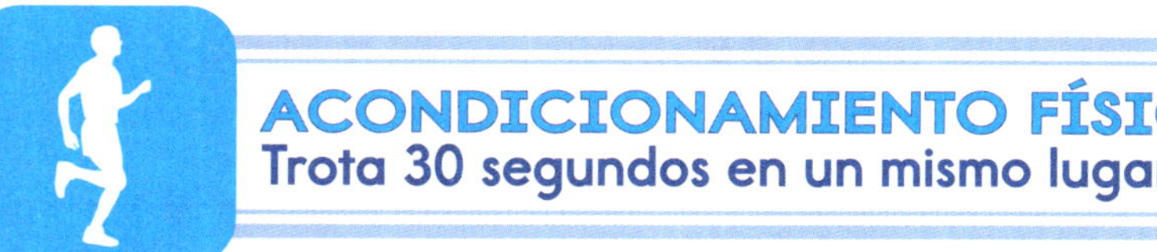

* Ve la página ii.

Traza una línea para hacer coincidir las figuras de cada grupo que muestran la misma fracción sombreada.

1.
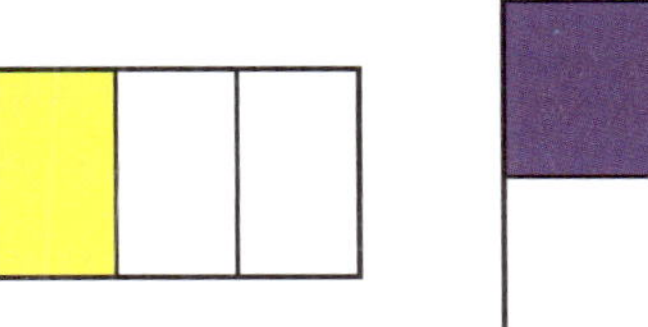
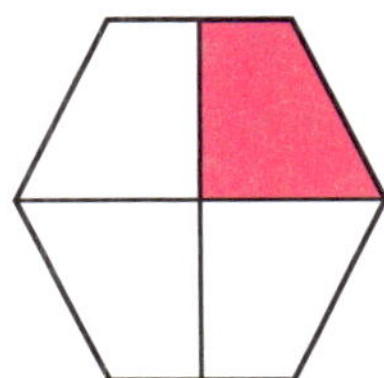

2.
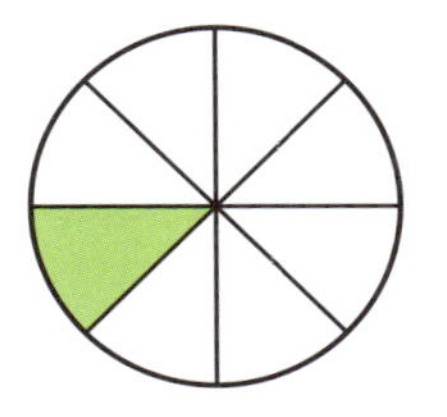
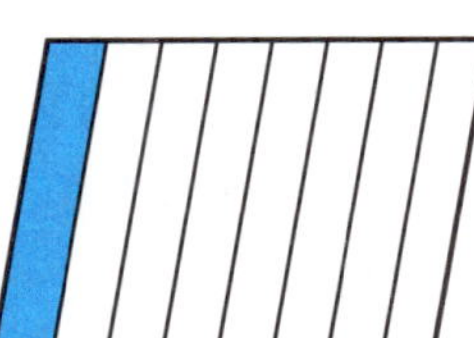
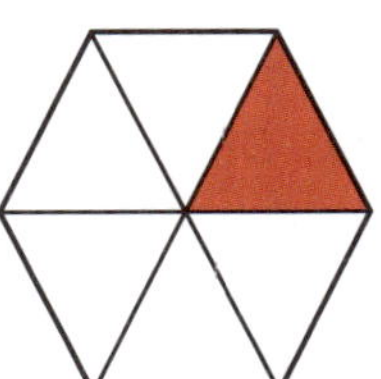
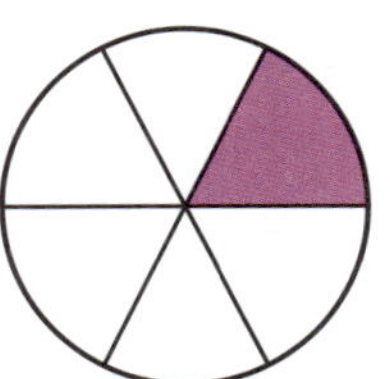

Escribe el significado de cada *expresión idiomática* (idiom) subrayada.

3. Mrs. Wen <u>has her hands full</u> with the twins, who are two years old.

____

4. After the storm, the flat tire, and Henry's tantrum, Mom was ready to <u>call it a day</u> and head home.

____

5. I'm going to have to <u>hit the books</u> tonight if I want to be ready for the test.

____

6. On accident, Olivia <u>spilled the beans</u> about the surprise party.

____

7. Destiny <u>is a night owl</u>, but everyone else in her family goes to bed early.

____

DÍA 15

Lee el pasaje. A continuación, responde las preguntas.

The Right to Vote

Voting in government elections is very important. In the United States and Canada, a person must be a citizen of the country and be at least 18 years old to vote in an election. Not everyone could vote in the past. In the United States, no women were allowed to vote until 1920. A law was passed in 1965 that protected the rights of adults of all races to vote. When a person votes, he or she helps decide who will serve in the government and what kinds of laws will be passed. Some people say that voting is the most important thing that people can do as citizens.

8. What is the main idea of this passage?

    A.   A person must be at least 18 years old to vote in an election.

    B.   Not everyone can vote in the United States.

    C.   Voting is an important thing for people to be able to do.

9. Who can vote in the United States and Canada? _______________________

    ____

10. When were U.S. women first allowed to vote? _______________________

11. What happened in the United States after a law was passed in 1965?

    ____

12. Why is voting important? _______________________________________

    ____

> **PRUEBA DE CARÁCTER:** En una hoja aparte, explica por qué es importante esforzarse siempre al máximo.

Colorea los objetos para mostrar cada fracción.
EJEMPLO:

Colorea un tercio.

$\dfrac{1}{3}$ 

1. Colorea dos cuartos.

$\dfrac{2}{4}$ 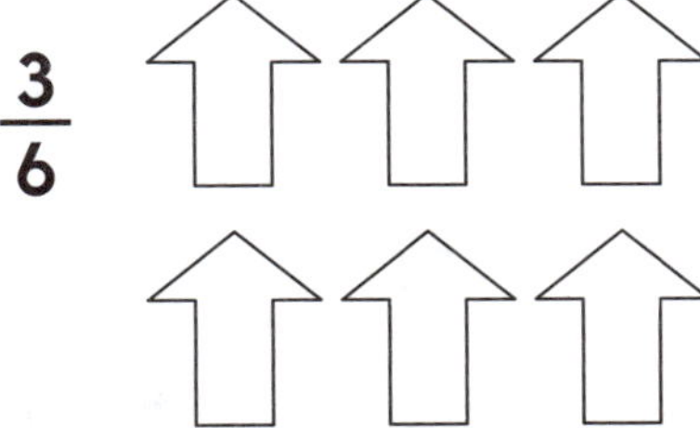

2. Colorea tres sextos.

$\dfrac{3}{6}$

3. Colorea un sexto.

$\dfrac{1}{6}$ 

4. Colorea un cuarto.

$\dfrac{1}{4}$ 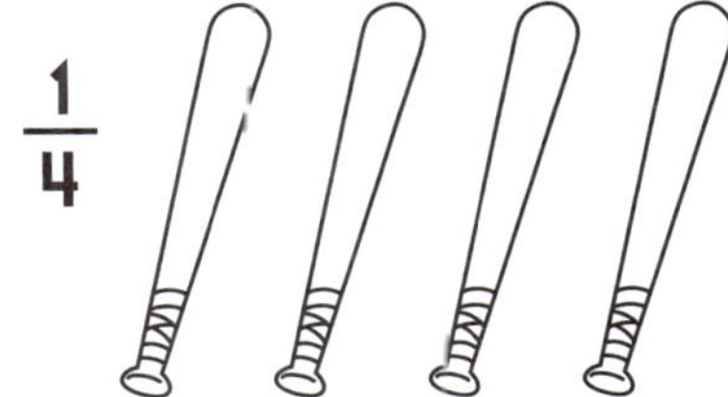

5. Colorea cinco octavos.

$\dfrac{5}{8}$ 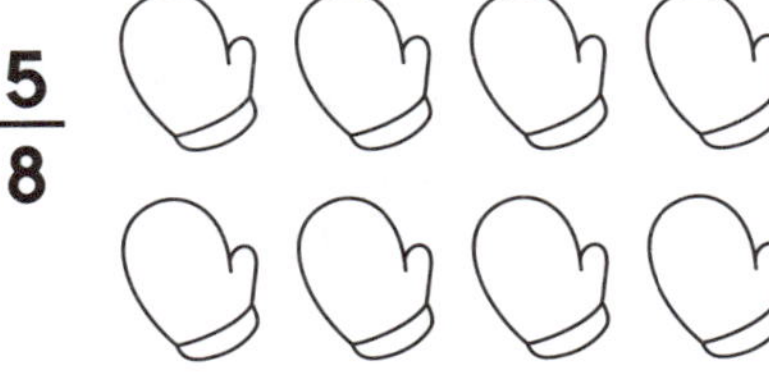

6. Colorea tres cuartos.

$\dfrac{3}{4}$ 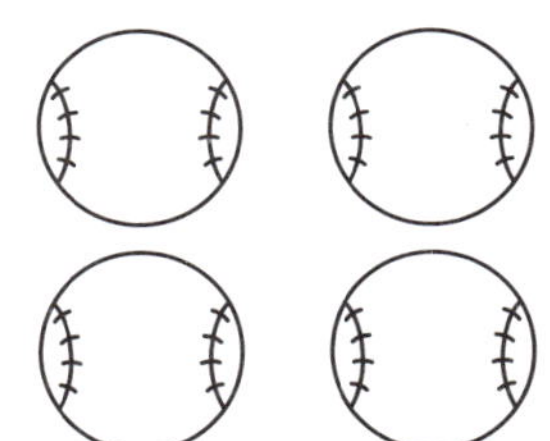

7. Colorea una mitad.

$\dfrac{1}{2}$ 

8. Colorea dos tercios.

$\dfrac{2}{3}$ 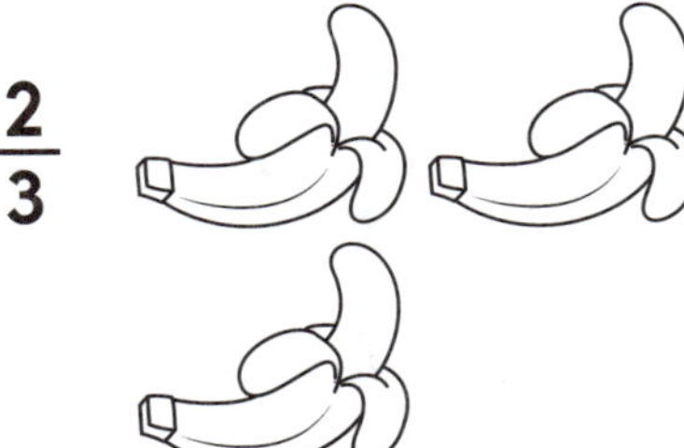

Añade comas donde sea necesario en el párrafo.

Land Formations and Bodies of Water

The earth has many mountains, rivers, lakes oceans and continents. The Andes the

Rockies and the Urals are mountain ranges. The Amazon the Nile and the Hudson are

rivers. Lake Erie Lake Ontario and Lake Huron are three of the Great Lakes. The Pacific

the Atlantic and the Arctic are oceans. Europe, Asia and Africa are continents. New

Zealand Greenland and Iceland are islands.

DÍA 16

Escribe el nombre de la persona que habla en cada oración.

9.   Travis said, "Trent, you need to go to bed." _______________________

10.   "Is this your book, Lamar?" asked Keisha. _______________________

11.   Lamar replied, "No, Keisha, it is not my book." _______________________

12.   "Will you take the dog for a walk, Mia?" asked Mrs. Travers. _______________________

13.   "Would you please go to the store for me?" Sadaf asked. _______________________

Usa el calendario para responder las preguntas.

Agosto						
domingo	lunes	martes	miércoles	jueves	viernes	sábado
		1	2	3	4	5
6	7	8	9	10	11	12
13	14	15	16	17	18	19
20	21	22	23	24	25	26
27	28	29	30	31		

14.   ¿Qué día de la semana es el 18 de agosto? _______________________

15.   ¿Cuántos miércoles hay en agosto? _______________________

16.   ¿Cuál es la fecha del último sábado de agosto? _______________________

17.   ¿Qué día de la semana será el 1 de septiembre? _______________________

DATO: El cuerno de un rinoceronte no es realmente un cuerno. Está hecho de pelo apretado.

COLOCA UNA ESTRELLA AQUÍ.

¿Te gustaría acostarte una hora más tarde? Escribe una carta a tus padres o tutores explicando tu opinión. Incluye buenas razones para apoyarla.

Vuelve a escribir correctamente cada oración. Añade mayúsculas, puntos y signos de interrogación donde sean necesarios.

1. bobby has a dog named shadow

   ____

2. do bluebirds eat insects

   ____

3. can i borrow your video game

   ____

4. my name is nikki

   ____

DÍA 17

Una *analogía* (analogy) compara dos pares de elementos basándose en una relación similar entre ellos. Escribe la palabra correcta del banco de palabras para completar cada analogía.

cat	ground	window	water	trees	cow

EJEMPLO:

Car is to road as boat is to _____________ **water** _____________ .

5. Bird is to sky as worm is to _____________________ .

6. City is to buildings as forest is to ____________________ .

7. Knob is to door as pane is to ____________________ .

8. Cub is to bear as calf is to ____________________ .

9. Quack is to duck as meow is to____________________ .

Festival de acondicionamiento físico

Invita a algunos amigos o familiares a un festival de acondicionamiento físico. Prepara tres estaciones de ejercicio para actividades de resistencia. Podrían ser saltar la cuerda, correr en un mismo lugar, saltar en un pie o hacer saltos de tijera. Túrnense para pasar por cada estación. Descansa después de cada ejercicio y toma un poco de agua. Completa dos veces cada estación. Cuando todos hayan completado las actividades de acondicionamiento físico, celebren juntos con una botana saludable.

* Ve la página ii.

El *gráfico de barras* (bar graph) muestra las ventas del puesto de comida en un partido de béisbol. Utiliza el gráfico de barras para responder las preguntas.

1. ¿Cuáles dos artículos tuvieron menos ventas? _______________

2. ¿Qué artículo tuvo más ventas?

   ____

3. ¿Cuántos nachos más se vendieron que perros calientes? _______________

4. ¿Cuántas papas fritas más se vendieron que pretzels? _______________

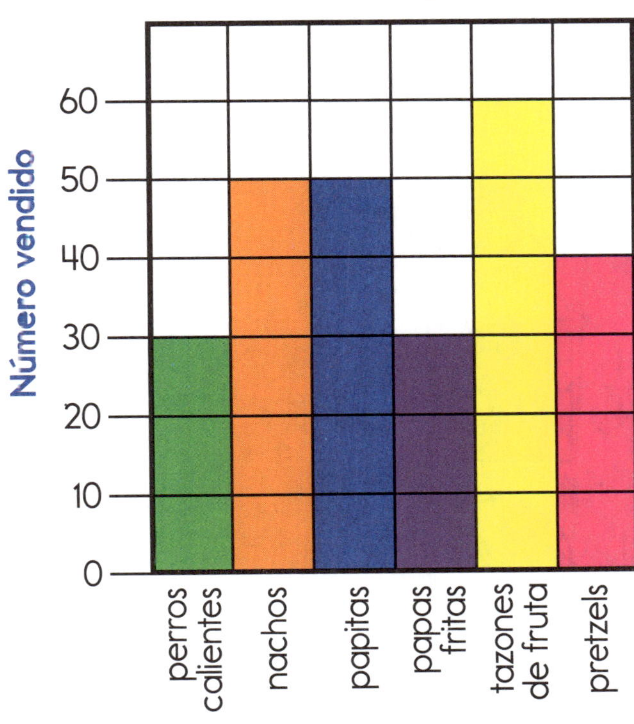

Escribe tres oraciones. Utiliza una palabra del banco de palabras en cada oración. Utiliza mayúsculas, puntos, signos de interrogación y exclamación cuando sea necesario.

adult	during	finish	interested
job	prepare	summer	work

5. _______________

6. _______________

7. _______________

DÍA 18

Traza una línea entre las fracciones que sean equivalentes, o iguales.

$\frac{1}{2}$ 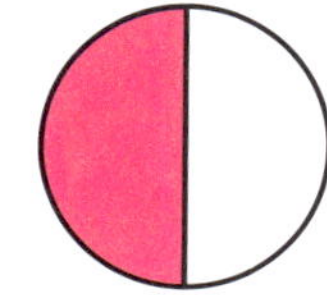

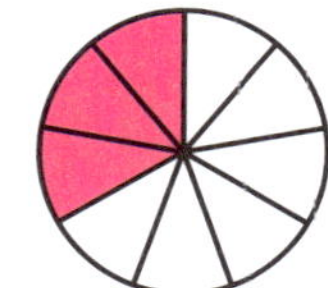 $\frac{3}{9}$

$\frac{4}{6}$ 

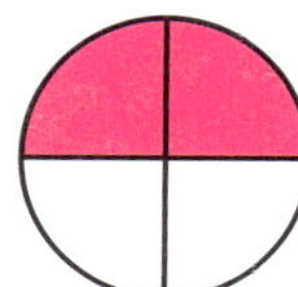 $\frac{2}{4}$

$\frac{4}{4}$ 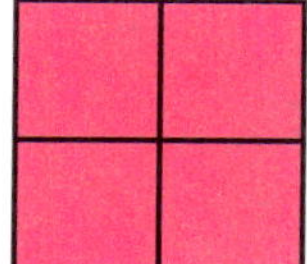

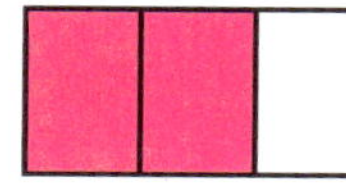 $\frac{2}{3}$

$\frac{1}{3}$ 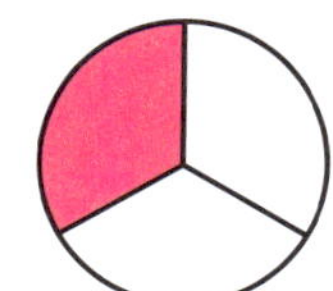

 $\frac{1}{1}$

Imagina que una mañana te levantas, miras al exterior y ves un dinosaurio caminando por tu calle. ¿Qué aspecto tiene el dinosaurio? ¿Qué pasaría después? Escribe en inglés una historia contando tu experiencia.

____

____

____

____

____

DATO: ¡Las plantas de bambú gigantes pueden crecer hasta nueve pulgadas al día!

COLOCA UNA ESTRELLA AQUÍ.

El *gráfico de líneas* (line graph) muestra los cambios en las precipitaciones durante un año en Chicago, Illinois. Utiliza el gráfico de líneas para responder las preguntas.

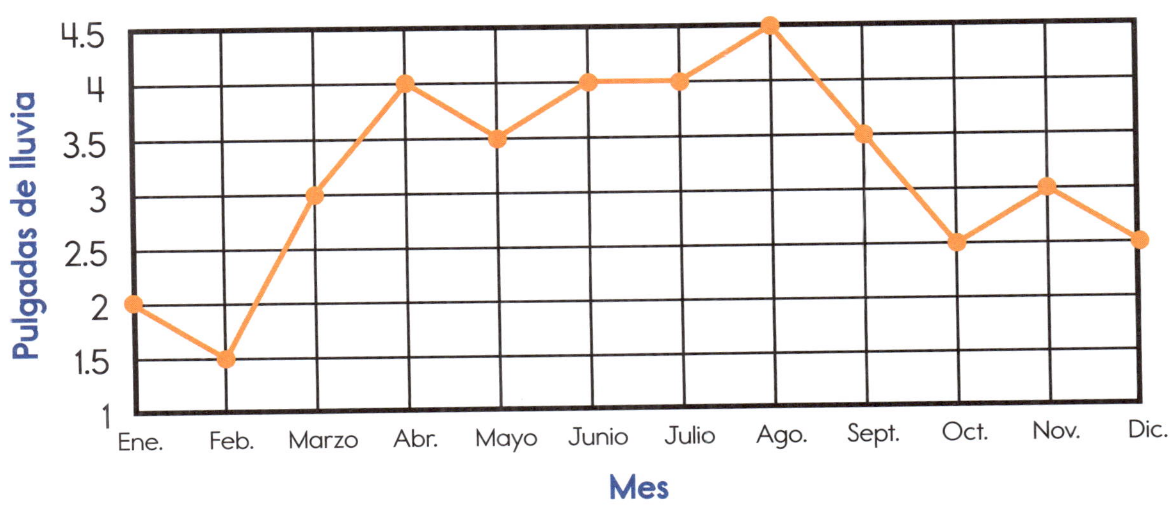

1. ¿Cuáles tres meses recibieron la misma cantidad de lluvia?

   ____

2. ¿Cuál fue la mayor cantidad de lluvia recibida en un mes? _______________

3. ¿Qué mes recibió la menor cantidad de precipitaciones? _______________

Utiliza un diccionario para buscar la palabra *consecuencia* (consequence). ¿Por qué deberías pensar en las consecuencias de algunas cosas? Puedes escribir en inglés o en español.

____

____

____

____

DÍA 19

Lee la historia. Enumera los acontecimientos en el orden en que ocurrieron.

The Alarm Clock

Patrick was sleeping when his alarm clock started ringing. He jumped up, made his bed, and washed his face. Patrick put on his clothes and started going downstairs to eat breakfast. When he passed the window in the hall, he saw that it was still night. "Oh, no," he said, "my alarm clock went off at the wrong time!" Patrick went back to his bedroom and got back into bed.

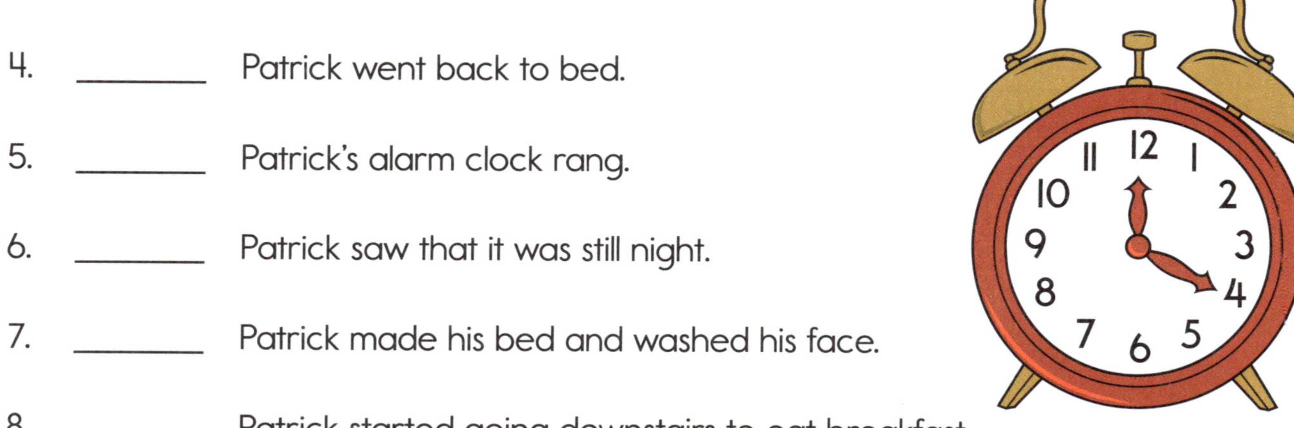

4. _________ Patrick went back to bed.

5. _________ Patrick's alarm clock rang.

6. _________ Patrick saw that it was still night.

7. _________ Patrick made his bed and washed his face.

8. _________ Patrick started going downstairs to eat breakfast.

¿Qué harías si te despertaras y te hubieras convertido en tu papá o tu mamá? ¿Cómo sería tu día?

____

____

____

____

____

* Ve la página ii.

COLOCA UNA ESTRELLA AQUÍ.

Estudia el *pictograma* (pictograph). A continuación, responde las preguntas.

Número de flores recogidas

 = 2 flores

Allie	🌼 🌼 🌼		Beth	🌼 🌼 🌼 🌼 🌼 🌼	
Sue	🌼 🌼 🌼 🌼 🌼		Lori	🌼 🌼 🌼 🌼 🌼	
Danny	🌼 🌼		Jamal	🌼 🌼 🌼 🌼	

1. ¿Cuántas flores hay? 🌼 ____

2. ¿Cuántas flores en total recogieron Sue y Allie? _______________________

3. ¿Quién recogió más flores? ____

4. ¿Qué niños recogieron el mismo número de flores?______________________

5. ¿Quién recogió menos flores?____

Escribe la parte de la oración de cada palabra subrayada. Escribe tu respuesta encima de la palabra.

Vegetables

Do you like <u>vegetables</u>? I like some vegetables. I do not like others. I like snow peas.

<u>They</u> taste best fresh from the garden. They are green and sweet. I like fresh, <u>crunchy</u>

carrots, too. I pick them from the garden. I <u>love</u> corn on the cob. I pull off the husks.

Mom <u>boils</u> the corn. I eat the <u>yellow</u> corn from one end to the other.

DÍA 20

Lee la historia. A continuación, responde las preguntas.

Ready for the Play-Off

Austin was too excited about the baseball play-off game to think about the model volcano he and Pablo were building in science class.

"Do you want to tear the paper into strips or dip them in paste and put them on?" Pablo asked Austin.

"Home run!" said Austin.

Pablo looked puzzled. Austin's face burned with embarrassment. "I'm sorry. I was thinking about the game."

Pablo laughed. "Oh!" he said. "Well, that explains it. Do you think we'll win?"

"My big brother says that Ms. Lee's class hasn't won a play-off game in at least five years. Maybe we'll be the first," Austin said.

Austin saw Ms. Lee walking toward them. He picked up a piece of newspaper and tore it into strips. Pablo understood. He dipped a strip into the paste and smoothed it onto the side of the model volcano.

"You boys should start cleaning up now," Ms. Lee said. "We don't want to be late."

Austin and Pablo carried their model to the science table, put the lid on the paste container, recycled the extra newspaper, and cleaned their work area. They were back in their seats and ready to go in five minutes.

6. Who is the main character in the story?

    A.   Austin's brother   B.   Austin   C.   Ms. Lee

7. What does the main character want to do? _______________________________

    ____

8. Where does the story take place?

    A.   in a classroom   B.   in a gym   C.   on the baseball field

9. In the fourth paragraph, what does the sentence *Austin's face burned with embarrassment* mean? _______________________________

    ____

Una separación aceitosa

¿Cómo se puede separar una mezcla de aceite y agua?

Materiales:

- vaso transparente de 16 onzas
- cuchara
- cuentagotas

- 6,75 onzas (200 mL) de agua
- 6,75 onzas (200 mL) de aceite vegetal
- vaso medidor de vidrio transparente

Procedimiento:

Vierte el agua en el vaso. Añade el aceite vegetal al agua. Revuelve el agua y el aceite con la cuchara y observa. A continuación, deja que el agua y el aceite reposen durante 10-15 minutos.

Utiliza el cuentagotas para extraer el aceite de la parte superior del agua y colócalo en la taza de medir. Anota la cantidad de aceite recogida. A continuación, resta esa cantidad de la cantidad de aceite que se añadió por primera vez al vaso. Anota los resultados. Luego, realiza el experimento dos veces más. Anota tus datos en la tabla.

Prueba	Volumen inicial de aceite	Volumen de aceite recogido	Diferencia
1			
2			
3			

1. ¿Qué ocurre cuando agitas el agua y el aceite? _______________________

   ____

2. ¿Qué ocurre cuando dejas de agitar el agua y el aceite? _______________

   ____

¿De qué se trata esto?

A veces, los líquidos se separan en capas. El aceite y el agua se separan en capas. El agua es más pesada que el aceite, por lo que se hunde en el fondo de un recipiente.

Piensa en ello:

- ¿Qué es un cuentagotas? ¿Por qué necesitas utilizar uno para este experimento?
- ¿Qué causas y efectos se observan en este experimento?

EXTRA

Un acto de desaparición

El agua puede desaparecer al evaporarse. A veces, el agua deja cosas cuando se evapora.

Materiales:

- cinta adhesiva
- 2 moldes para tortas
- vaso de agua
- 1 cucharada de sal
- vaso medidor
- lápiz
- agua
- cuchara

Procedimiento:

Utiliza la cinta adhesiva y un lápiz para etiquetar el exterior de los moldes. Marca el primer molde con *agua salada* (salt water) y el segundo con *agua de la llave* (tap water).

Utiliza el vaso medidor para verter 4 onzas (11.8 cL) de agua tibia en un vaso. Añade una cucharada de sal al agua. Utiliza la cuchara para remover el agua hasta que la sal se disuelva. Añade sal hasta que no se disuelva más. Esto se llama *solución saturada* (saturated solution). Vierte la solución saturada en el molde etiquetado como agua salada.

Utiliza el vaso medidor para verter 4 onzas (11.8 cL) de agua de la llave en el molde etiquetado como agua de la llave. Coloca los moldes uno al lado del otro en un lugar seguro. Registra tus observaciones cada día hasta que el agua de ambos moldes se haya evaporado.

¿De qué se trata esto?

Esta actividad utiliza el agua salada como base para la formación de cristales. El agua se evapora del recipiente. La sal, que es un mineral, se queda en el molde.

Más ideas divertidas:

- Cambia la cantidad de sal en el agua. Averigua si afecta a la rapidez con la que se evapora el agua.
- Cambia el líquido que utilizas en compañía de un adulto. Prueba con vinagre, limonada, etc. Utiliza la misma cantidad de sal y cambia la cantidad de líquido.

EXTRA

Características del terreno

Observa el mapa. Escribe la letra de cada *accidente geográfico* (landform) junto a su nombre.

1. _______ lago

2. _______ valle

3. _______ río

4. _______ península

5. _______ volcán

6. _______ isla

7. _______ montaña

8. _______ océano

9. _______ sabana

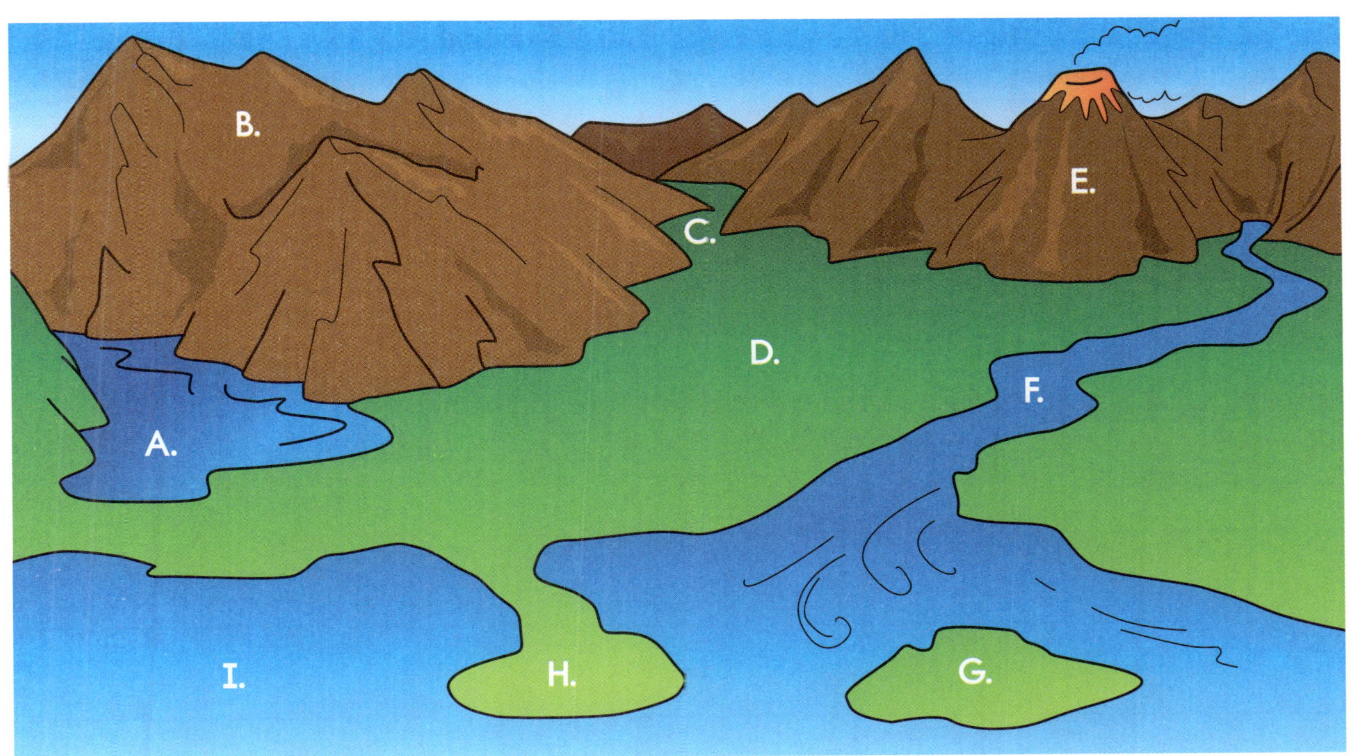

EXTRA

Países y ciudades

Los mapas políticos muestran *masas terrestres* (landmasses) divididas en regiones, como países y ciudades. Estudia un mapa de América del Norte en un atlas o en Internet. A continuación, traza una línea para conectar cada ciudad con su país. Utilizarás cada país más de una vez.

Ciudad	País
1. Ciudad de México	
2. Toronto	
3. Washington, D. C.	México
4. Montreal	
5. Chicago	
6. Acapulco	Canadá
7. Boston	
8. Guadalajara	
9. Phoenix	Estados Unidos
10. Nueva York	

Elige un país de la lista anterior o elige un país que te interese estudiar. Utiliza una enciclopedia o navega en Internet para buscar información sobre ese país. A continuación, escribe en las líneas tres datos sobre el país. Puedes escribir en inglés o en español.

____

____

____

____

____

____

EXTRA

Gobiernos democráticos

Lee el párrafo. A continuación, responde las preguntas.

Hay muchos tipos de gobierno. Un tipo de gobierno es el democrático. Un gobierno democrático da a sus ciudadanos el poder de tomar decisiones. Estados Unidos tiene un gobierno democrático. En Estados Unidos, los ciudadanos eligen a un presidente. El presidente es el jefe del gobierno. Los ciudadanos también eligen a los miembros del Congreso. El Congreso es la rama del gobierno que elabora las leyes. Gran Bretaña también tiene un gobierno democrático. El primer ministro es el jefe del gobierno en Gran Bretaña. El primer ministro también ayuda a elaborar las leyes.

1. Hay muchos tipos de ____ .

2. Un gobierno ____________________________ da a sus ciudadanos el poder de tomar decisiones.

3. En Estados Unidos, los ____________________________ eligen a un presidente

4. En Estados Unidos, el ____________________________ es el jefe del gobierno.

5. Los ciudadanos de Estados Unidos también eligen a personas para el __________ .

6. El Congreso es la rama del gobierno que hace ____________________________ .

7. En Gran Bretaña, el ____________________________ ayuda a elaborar las leyes.

8. ¿Qué otros tipos de gobierno existen? Ve a la biblioteca o navega en Internet con un adulto para conocer un país que no tenga un gobierno democrático. ¿En qué medida se parece y en qué se diferencia el gobierno de ese país del tuyo?

____

____

____

EXTRA

¡Vamos afuera!

El verano está lleno de escenas espectaculares y de inspiración. Una de las vistas más sorprendentes del verano son las flores radiantes y hermosas. Busca una planta interesante que te llame la atención o una flor bonita en un jardín o campo. En lugar de recoger la planta o la flor, mantenla viva y transmite su belleza a los demás. Toma una fotografía de la planta o haz un dibujo de ella. Convierte tu obra de arte floral en una tarjeta «pensando en ti» y envíala a alguien a quien no puedas ver este verano.

Las matemáticas están en todas partes, incluso al aire libre! Busca oportunidades para resolver problemas de palabras cuando estés afuera. Por ejemplo, si ves 12 gaviotas volando en el aire, 3 más chapoteando en un charco y 16 posadas en el muelle, escribe estos datos en un papel y conviértelos en un problema de palabras. Resuelve el problema. A continuación, desafía a tu familia y amigos con tu problema matemático al aire libre.

En compañía de un adulto, busca unas cuantas flores que sean diferentes entre sí. Observa cada flor e identifica sus partes (pétalo, sépalo, carpelo, estambre y estigma). Compara las partes de cada flor con las de otras para encontrar similitudes y diferencias.

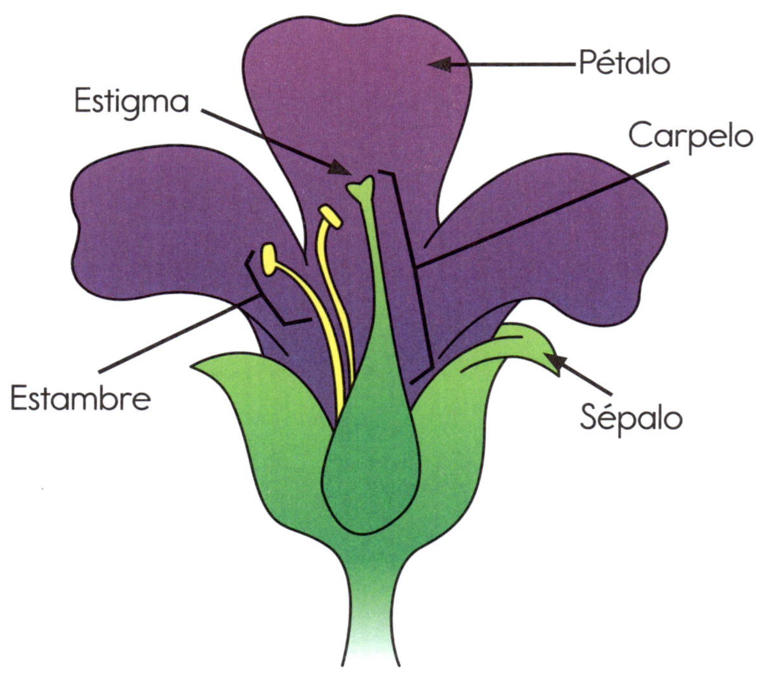

* Ve la página ii.

SECCIÓN I

Día 1/Página 3: 1. 45; 2. 58; 3. 881; 4. 30; 5. 362; 6. 912; De izquierda a derecha y de arriba a abajo: cero, veinte, treinta, cuarenta, sesenta, ochenta; 7. Los estudiantes deben dibujar un triángulo; 8. Los estudiantes deben dibujar un hexágono; 9. Los estudiantes deben dibujar un círculo o un óvalo.; 10. 700, 800, 900, 1,000 Regla: Sumar 100.; 11. 50, 60, 70, 80, 90 Regla: Sumar 10.; 12. 25, 30, 35, 40, 45, 50 Regla: Sumar 5.; 13. Avery wanted to bike to the park, but he got a flat tire.; 14. Mr. Greene coaches our soccer team, and I think he does a great job.; 15. The fireworks lit up the night sky, so everyone cheered.; 16. Tanesha is moving to Illinois, but her family hasn't found a house yet.

Día 2/Página 5: 1. 63¢; 2. 52¢; 3. 62¢; 4. 51¢; 5. 6; 6. 3; 7. 8; 8. 7; 9. pencil, sundae, helmet, dragon; 10. blossom, rabbit, spider, tiger; 11. carrot, puppy, candy, seven; 12. wonder, summer, cricket, marry; 13. candle, pencil, muffin, circus; 14. peanut, dollar, mitten, window

Día 3/Página 7: 1. 346; 2. 527; 3. 831; 4. 730; 5. 292; 6. 214; 7. 428; 8. 400; 9. 479; 10. 872; 11. 680; 12. 722; 13. 399; 14. 600; 15. 735; 16. Los estudiantes deben colorear 1 de las 4 partes.; 17. Los estudiantes deben colorear 2 de las 3 partes. 18. Los estudiantes deben colorear 4 de las 4 partes. 19. Los estudiantes deben colorear 1 de las 3 partes. 20. Los estudiantes deben colorear 1 de las 2 partes; 21. Los estudiantes deben colorear 3 de las 4 partes.; 22. C; 23. to explain how insects and arachnids can be helpful; 24. They move pollen from flower to flower.; 25. They eat insects that chew on plants.; 26. Crops are plants that farmers grow. The phrase "fruits and vegetables" is a clue.

Día 4/Página 9: 1. <; 2. >; 3. >; 4. <; 5. <; 6. >; 7. >; 8. <; 9. <; 10. <; 11. >; 12. <; 13. 14, par; 14. 9, impar; 15. 18, par; 16. 62; 17. 207; 18. 124; 19. 214; 20. 195; 21. 84; 22. 168; 23. 125; 24. 139; 25. L; 26. S; 27. L; 28. S; 29. S; 30. L; 31. S; 32. L; 33. L; 34. S; 35. L

Día 5/Página 11: 1. 2 centenas; 2. 1 decena; 3. 3 decenas; 4. 3 centenas; 5. 0 decenas; 6. Los estudiantes deben dividir el círculo en 4 partes iguales, la cuarta parte. 7. Los estudiantes deben dividir el triángulo en 2 partes iguales, la mitad. 8. Los estudiantes deben dividir el rectángulo en 3 partes iguales, la tercera parte.; 9. 25; 10. 122; 11. 60; 12. 435; 13. 142; 14. 99; 15. short; 16. long; 17. short; 18. short; 19. long; 20. short; 21. long; 22. short; 23. short; 24. long; 25. short; 26. long; 27. long; 28. short; 29. long; 30. long

Día 6/Página 13: 1. 629, 682 636, 660; 2. 879, 429, 609, 509, 889, 469, 209; 3. 231, 38, 639, 530, 333, 32; 4. 354, 151, 555, 250, 658, 50, 255; 5. 423, 484, 432, 422; 6. 327, 147, 607, 447, 997, 207; 7. Austin, Texas; 8. Valentine's Day; 9. France; 10. Papa Pete's; 11. Nashville, Tennessee; 12. Crunch Os; 13. St. Patrick's Day; 14. A; 15. travel quickly and easily from one coast of the United States to the other; 16. eastern and western parts of the country; 17. a golden nail; 18. Las respuestas variarán, pero pueden incluir: that railroads helped carry people and goods and connected the two coasts of the United States.

Día 7/Página 15: Las medidas de los libros variarán, pero cada una debe ser redondeada a la pulgada entera más cercana y escribirse en la línea.; Holidays: Memorial Day, Thanksgiving, Kwanzaa; Products: Sparkling Bubbles body wash, Clarabelle's pies, Orchard Plus frozen fruit; Places: Russia, Appalachian Mountains, Mexico City, St. Louis; 1. 500 + 20 + 8; 2. 100 + 30 + 0; 3. 600 + 80 + 9; 4. 400 + 20 + 1; 5. 700 + 0 + 8; 6. 500 + 60 + 7; 9. 900 + 60 + 3; 10. 800 + 0 + 6; La escritura de los estudiantes variará.

Día 8/Página 17: 1. 3 pulgadas, 7 centímetros; 2. 4 pulgadas, 9 centímetros; 3. 2 pulgadas, 6 centímetros; ; 4. Los estudiantes deberán encerrar en un círculo *loudly* y subrayar *barked*.; 5. Los estudiantes deberán encerrar en un círculo *everywhere* y subrayar *looked*.; 6. Los estudiantes deberán encerrar en un círculo *faster* y subrayar *swims*.; 7. Los estudiantes deberán encerrar en un círculo *slowly* y subrayar *walked*.; 8. Los estudiantes deberán encerrar en un círculo *early* y subrayar *awoke*.; 9. Los estudiantes deberán encerrar en un círculo *outside* y subrayar *play*.; 10. re-, D; 11. un-, B; 12. mis-, A; 13. un-, E; 14. *mis-*, C; 15. 2, 2; 16. 4, 2; 17. 1, 1; 18. 3, 3; 19. 2, 1; 20. 1, 1; 21. 2, 2; 22. 2, 2; 23. 3, 3; 24. 2, 2; 25. 2, 1; 26. 2, 2; 27. 2, 1; 28. 3, 2; 29. 5, 3; 30. 2, 2

Día 9/Página 19: 1. 6 + 5 = 11, 5 + 6 = 11, 11 − 6 = 5, 11 − 5 = 6; 2. 4 + 5 = 9, 5 + 4 = 9, 9 − 5 = 4, 9 − 4 = 5; 3. 7 + 5 = 12, 5 + 7 = 12, 12 − 7 = 5, 12 − 5 = 7; 4. Los estudiantes deben dividir el rectángulo en 3 filas y 5 columnas, 15.; 5. Los estudiantes deben dividir el rectángulo en 4 filas y 6 columnas, 24.; 6. Los estudiantes deben dividir el rectángulo en 2 filas y 7 columnas, 14.; 7. -ness; 8. -less; 9. -ness; 10. -ness; 11. -ness; Los estudiantes deberán escribir estas palabras debajo de la mosca: dry, eye, sky.; Los estudiantes deberán escribir estas palabras debajo del bebé: city, happy, story.

Día 10/Página 21: 1. +; 2. −; 3. −; 4. =; 5. +; 6. −; 7. −; 8. −; 9. =; 10. −; 11. =; 12. +; 13. +; 14. +; 15. −; 16. 3 + 3 + 3 + 3 + 3 = 15; 17. 8 + 8 = 16; 18. 7 + 7 + 7 = 21; 19. rain/drop; 20. light/house; 21. door/bell; 22. barn/yard; 23. bed/room; 24. snow/flakes

Día 11/Página 23: 1. 63 canicas; 2. 24 manzanas; 3. 63 minutos; 4. 67 cachorros; 5. gulped; 6. shattered; 7. gobble; 8. furious; 9. tapped; 10. A, B; 11. B, A; 12. B, A; Los estudiantes deberán encerrar en un círculo las siguientes palabras: zoo, hoop, soon, pool, scoop, cool, stool, food, moon, moose, goose, school, tool, boot, spoon.; Los estudiantes deberán dibujar una X sobre las siguientes palabras: book, wool, cook, hood, took, brook, foot, wood, crook, stood.

Día 12/Página 25: 1. A; 2. I; 3. B; 4. D; 5. E; 6. J; 7. K; 8. F; 9. G; 10. H; 11. men; 12. teeth; 13. leaves; 14. geese; 15. knives; 16. mice; 17. feet; Los estudiantes deberán escribir las siguientes palabras bajo *Animals*: fox, elephant, bear, deer.; Los estudiantes deberán escribir las siguientes palabras bajo *Tools*: saw, pliers, hammer, screwdriver.; Los estudiantes deberán escribir las siguientes palabras bajo *Clothing*: shirt, pants, socks, hat.; 18. colony; 19. fleet; 20. swarm; 21. bouquet; 22. school

Día 13/Página 27: 1. 40; 2. 20; 3. Gatos y sin mascotas; 4. 60; 5. Taylor's; 6. computer's; 7. Digby's; 8. Ana's; 9. Mom's; 10. C; 11. as long as it takes to sing the alphabet; 12. washes away germs that make you sick; 13. B; 14. You could pass sickness to a friend and spread the germs to your eyes and mouth.

Día 14/Página 29: 1. 758; 2. 599; 3. 851; 4. 320; 5. 516; 6. 466; 7. 904; 8. 171; 9. 1,000; 10. 1; 111. 95, Los estudiantes deben marcar la línea numérica que comienza en el 60 y termina en el 95.; 12. 36, Los estudiantes deben marcar la línea numérica que comienza en el 22 y termina en el 36.; 13. 70, Los estudiantes deben marcar la línea numérica que comienza en el 100 y termina en el 70.; 14. 65, Los estudiantes deben marcar la línea numérica que comienza en el 85 y termina en el 65. 15. I planted seeds.; 16. Luke started his car.; 17. I put on my socks.; 18. We built a snowman.; 19. I put toothpaste on my toothbrush.; 20. I climbed into bed.; Las respuestas de los estudiantes variarán.

Día 15/Página 31: 1. =, <, >; 2. <, =, =; 3. =, <, <; 4. =, <, =; 5. >, <, =; 6. dis<u>obey</u> = not obey; 7. re<u>appear</u> = appear again; 8. un<u>lucky</u> = not lucky; 9. dis<u>honest</u> = not honest; 10. pre<u>order</u> = order before; 11. un<u>safe</u> = not safe; 12. re<u>write</u> = write again; 13. pre<u>cook</u> = cook before; 14. C

Día 16/Página 33: 1. 34 flores; 2. 28 vueltas; 3. 32 autos; 4. 43 juguetes; 5. 34 centímetros; 6. 6 pulgadas; 7. 153 metros; 8. 39 libras; 9. A; 10. oceans, lakes, and streams; 11. Drops of water rise into the air.; 12. when the air cools; 13. They produce rain, snow, sleet, or hail.; 14. The author's purpose is to provide information about the water cycle.

Día 17/Página 35: 1. 42; 2. 24; 3. 89; 4. 14; 5. 78; 6. 12; 7. 13; 8. 0; 9. 35; 10. 48; 11. 86; 12. 97; 13. 6; 14. 14; 15. 11; 16. myself; 17. themselves; 18. himself; 19. itself; 20. herself; 21. yourself; 22. B; 23. A; 24. phone; 25. elephants; 26. alphabet; 27. amphibian

Día 18/Página 37: 1. 449; 2. 997; 3. 589; 4. 338; 5. 472; 6. 757; 7. 813; 8. 747; 9. 804; 10. 288; 11. 871; 12. 895; 13. 407; 14. 800; 15. 682; 16. unsure, not sure; 17. unhappy, not happy; 18. unable, not able; 19. rewrite, write again; 20. retell, tell again; 21. reprint, print again; La escritura de los estudiantes variará.;

22. ; 23. ; 24. ; 25. ; 5:50; 26. , 12:10;

Día 19/Página 39: 1. 598; 2. 100; 3. 582; 4. 813; 5. 107; 6. 478; 7. 422; 8. 760; 9. 72; 10. 56; 11. C; 12. B; 13. jump into bed too; 14. the boy; 15. everywhere the boy goes; 16. Yes, it has a steady beat because the syllables of the words form a pattern.; 17. w; 18. b; 19. k; 20. k; 21. k, gh; 22. b

Día 20/Página 41: 1. 389; 2. 855; 3. 363; 4. 388; 5. 106; 6. 59; 7. 301; 8. 203; 9. 605; 10. 778; 11. 993; 12. 790; 13. 999; 14. 900; 15. 840; Los estudiantes deberán escribir las siguientes palabras bajo *Present*: blow, find, fly, know, laugh, wear.; Los estudiantes deberán escribir las siguientes palabras bajo *Past*: blew, flew, found, knew, laughed, wore.; 16. F; 17. R; 18. R; 19. F; 20. F; 21. R; 22. F; 23. R; 24. F; 25. F ; La escritura de los estudiantes variará.

Extra, página 44: 1. La canica que viajó a través del agua; 2. Las respuestas variarán.

Extra, página 45: Arenas Amarillas

Extra, página 46:

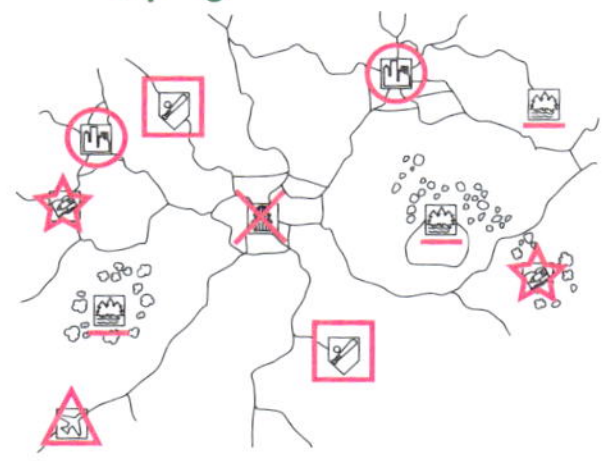

Extra, página 47: 1. Shady Oaks Street; 2. Clear Creek Road; 3. Main Street; 4. Windy Way; 5. Walnut Street; 6. Shady Oaks Street y Park Street

SECCIÓN II

Día 1/Página 51: 1. 111; 2. 115; 3. 47; 4. 114; 5. 111; 6. 82; 7. 120; 8. 112; 9. 132; 10. 83; 11. 50; 12. 41; 13. 124; 14. 58; 15. 95; 16. slept; 17. held; 18. made; 19. won; 20. left; 21. fell; 22. bought; 23. Chloe's baseball mitt; 24. Jasper's soccer ball; 25. Trinity's goggles; 26. Grandpa's golf clubs; 27. Cassidy's ballet shoes; 28. Ian's tennis racquet; 29. incorrecto; 30. incorrecto; 31. correcto; 32. incorrecto; 33. correcto

Día 2/Página 53: 1. 49; 2. 45; 3. 8; 4. 56; 5. 59; 6. 17; 7. 39; 8. 75; 9. 15; 10. 46; 11. 19; 12. made; 13. took; 14. bought; 15. saw; 16. went; 17. flew; 18. A; 19. C; 20. play outside, go swimming

Día 3/Página 55: 1. 451; 2. 734; 3. 839; 4. 448; 5. 682; 6. 526; 7. 225; 8. 381; 9. 628; 10. 992; 11. am; 12. is; 13. are; 14. am; 15. are; 16. is; 17. are; 18. 6 × 3 = 18; 19. 3 × 10 = 30; 20. 7 × 4 = 28

Día 4/Página 57: 1. 3, 5, 15; 2. 4, 7, 28; 3. 1, 5, 5; 4. 3, 2, 6; 5. noun; 6. adverb; 7. adjective; 8. verb; 9. pronoun; 10. verb; 11. Los estudiantes deben marcar $\frac{3}{4}$ en la línea numérica; 12. Los estudiantes deben marcar $\frac{5}{8}$ en la línea numérica; 13. Los estudiantes deben marcar $\frac{1}{3}$ en la línea numérica.; 14. Los estudiantes deben marcar el 1 en la línea numérica.

81 Riverwood Rd.
Charlotte , NC 28870

1425 Newtown Terrace #12
Providence , RI 02906

132 West Billingsley Lane

Taos, NM 87571

21896 Langston Blvd.
San Diego, CA 72119

Día 5/Página 59: 1. ✓; 2. X; 3. ✓; 4. X; 5. ✓;
6. X; 7. X; 8. ✓; 9. X; 10. ✓; 11. ✓; 12. ✓; 13. X; 14. ✓;
15. X; 16. have; 17. has; 18. has; 19. has; 20. have;
21. have; 22. has; 23. has; 24. B; 25. F; 26. T;
27. T; 28. F; 29. Los párrafos de los
estudiantes variarán.

Día 6/Página 61: 1. 1:25; 2. 11:07; 3. 3:56;
4. 2:38; 5. 10:40; 6. 7:22; 7. one who gardens;
8. not honest; 9. process of adding; 10. not
fiction; 11. not healthy; 12. state of being ill;
13. one who collects; 14. use again; 15. Los
estudiantes deberán encerrar en un círculo
reason. Posible respuesta: *reasoning*; 16. Los
estudiantes deberán encerrar en un círculo
interest. Posible respuesta: *interests*; 17. Los
estudiantes deberán encerrar en un círculo
behave. Posible respuesta: *behaved*; 18. Los
estudiantes deberán encerrar en un círculo
believe. Posible respuesta: *believable*; 19. Los
estudiantes deberán encerrar en un círculo
cycle. Posible respuesta: *unicycle*; 20. Los
estudiantes deberán encerrar en un círculo
phone. Posible respuesta: *phonograph*; La
escritura de los estudiantes variará

Día 7/Página 63:

1. ; 2. ; 3. ; 4. ; 5. ; 6. ;
7. raked, raking; 8. jumped, jumping;
9. hugged, hugging; 10. cooked, cooking;
11. skated, skating; 12. wrapped, wrapping;
13. sneezed, sneezing; 14. popped, popping;
15. talked, talking; 16. smiled, smiling; 17. C;

18. E; 19. D; 20. B; 21. A; 22. 24 in.; 23. 15 in.;
24. 20 cm; 25. 43 in.; 26. 195 mm; 27. 40 cm

Día 8/Página 65: 1. 7:50; 2. 4:45; 3. 6:50;
4. 11:30; 5. went; 6. gone; 7. went; 8. gone;
9. went; 10. more than 900; 11. insects, fruit,
and nectar; 12. 16 inches (40 cm) in length;
13. The main idea of the first paragraph
is that bats help people in many ways.;
14. The author provides the following
evidence to support the main idea: bats
eat insects, and bats pollinate and spread
the seeds of many plants. 15. mosquitoes,
mayflies, and moths

Día 9/Página 67:

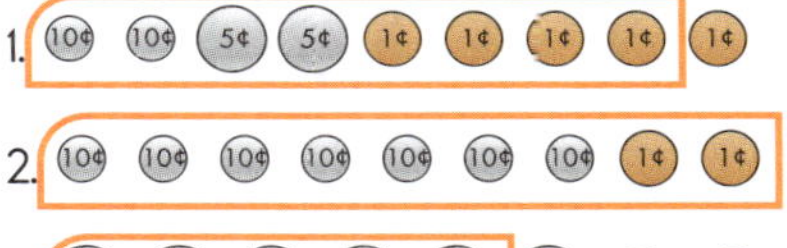
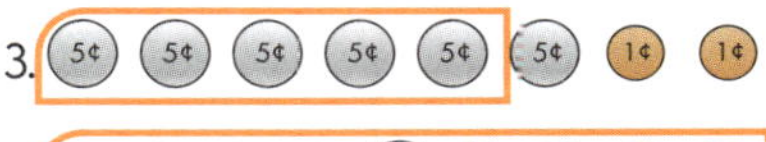

5. stop, stopping, stopped; 6. clap,
clapping, clapped; 7. hopping, hopped,
hop; 8. 60; 9. 140; 10. 30; 11. 290; 12. 10;
13. 300; 14. 600; 15. 200; 16. 700; 17. 800

Día 10/Página 69: Los estudiantes deben
dibujar 4 panes para enero, 4 panes para
febrero, 6 panes para marzo, 8 panes
para abril, 8 $\frac{1}{2}$ panes para mayo y 9 $\frac{1}{2}$
panes para junio.; Yesterday, we **learned**
about colors in art. We **made** a color
wheel. We found out that there **are** three
basic colors. They **are** called *primary
colors*. Red, yellow, and blue are primary
colors. Primary colors mix to make other
colors. Red and yellow **make** orange.
Yellow and blue make green. Blue and
red make purple. Orange, green, and
purple **are** secondary colors.; 1. B; 2. A;
3. B; 4. A; 5. A; 6. 180; 7. 350; 8. 360; 9. 240;
10. 240; 11. 270; 12. 480 13. 80; 14. 60; 15. 70

Día 11/Página 71:

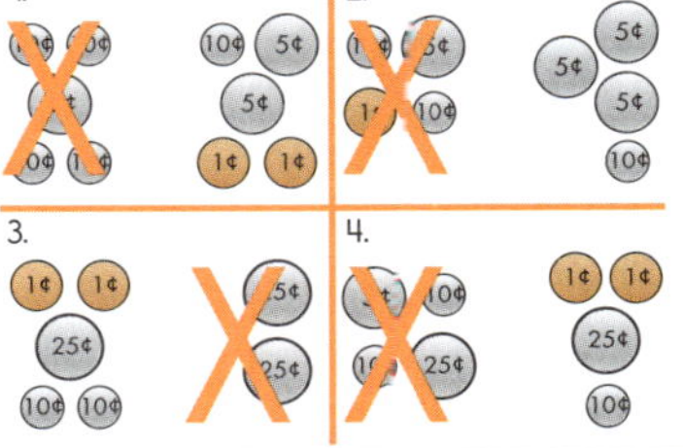

5. equal; 6. tiny; 7. low; 8. rainy; 9. B;
10. Africa, Antarctica, Asia, Australia,
Europe, North America, South America;
11. millions of years ago; 12. jungle; 13. They
were once one piece of land.

Día 12/Página 73: 1.–5. Las respuestas de los
estudiantes variarán.; 6. soft; 7. steep;
8. screechy; 9. hot, wet; 10. 540, 500, 500 +
40 + 2; 11. 310, 300, 300 + 10 + 1; 12. 900, 900,
800 + 90 + 8; 13. 430, 400, 400 + 20 + 6;
14. 660, 700, 600 + 50 + 7; 15. 100, 100, 100 +
2; La escritura de los estudiantes variará.

Día 13/Página 75: 1. 6 × 2 = 12, 12 + 4 = 16;
2. 8 × 6 = 48, 55 − 48 = 7; 3. 27 ÷ 9 = 3, 12 ×
3 = 36; 4. blue, purple; 5. little, green;
6. colorful, soft; 7. dark, gray; 8. new,
brown; 9. 2; 10. 1; 11. 4; 12. 3

Día 14/Página 77: 1. 1 + 3 + 1 = 5 pulgadas;
2. 3 + 2 + 1 = 6 pulgadas; 3. 1 + 4 + 2 = 7
pulgadas; Los escritos de los estudiantes
variarán.; 4. A; 5. 8–11 hours each night;
6. You might have trouble paying attention
to your teacher.; 7. read a book; 8. C

Día 15/Página 79: 1. 7 cm; 2. 8 cm; 3. 9 cm;
4. 3 cm; 5. 5 cm; 6. 4 cm; 7. –11. Los escritos
de los estudiantes variarán.; 12. C; 13. B;
Los escritos de los estudiantes variarán.

Día 16/Página 81: 1. A; 2. B; 3. A; 4. B;
5. B; 6. I am; 7. you will; 8. would not;
9. we have; 10. we would; 11. you are;
12. she is; 13. is not; 14. I will; 15. page 4;
16. Capítulo 3; 17. page 26; 18. Todo sobre
las hormigas; 19. electric; 20. train;
21. keep; 22. truck; 23. play

Día 17/Página 83: 1. C; 2. B; 3. B; 4. A; 5. she
is; 6. he is; 7. are not; 8. you have; 9. I have;
10. I would; 11. it is; 12. have not; 13. she will;
14. should not; 15. we will; 16. we are; 17. C;
18. B; 19. A; 20. B

Día 18/Página 85: 1. 5; 2. 7; 3. 3; 4. We'll;
5. I'll; 6. We've; 7. We're; 8. B; 9. M; 10. B;
11. J; 12. M; 13. J; 14. B; 15. B; 16. J; 17. B; 18. E;
19. A; 20. D; 21. F; 22. C; 23. B

Día 19/Página 87: 1. Year, Billy, Miller;
2. Matilda; 3. Schoolhouse Rock; 4. Worry,
Be, Happy; 5. Wild; 6. Walking, After,

RESPUESTAS

Midnight; 7. December—Dec., Doctor—Dr., Thursday—Thurs., ounce—oz., January—Jan.; 8. Mister—Mr., October—Oct., foot—ft., Avenue—Ave., Road—Rd.; 9. yard—yd., March—Mar., Junior—Jr., inch—in., Wednesday—Wed.; 10. Saturday—Sat., Senior—Sr., Monday—Mon., Fahrenheit—F, Street—St.; 11. pride; 12. childhood; 13. kindness; 14. delight; 15. honesty; 16. truth; Los escritos de los estudiantes variarán.

Día 20/Página 89: 1. Los estudiantes deben dibujar un cuadrado.; 2. Los estudiantes deben dibujar un rectángulo.; 3. Los estudiantes deben dibujar un rombo (diamante).; 4. Los estudiantes deben dibujar cualquier figura de cuatro lados que no se ajuste a la definición de cuadrado, rectángulo o rombo.; 5. A; 6. C; 7. B; 8. C; 9. A; 10. It means that both trees and grass are good things for humans that come from nature.; 11.

Alike or Different?	Grass	Tree
living thing	X	X
stands straight in the wind		X
bends in the wind	X	
tall		X
small	X	
can be climbed		X
can be sat on	X	
green in color	X	X

Extra, página 93: 1. H,1; 2. G,5; 3. B,6; 4. E,1; 5. D,4; 6. A,4; 7. E,5

Extra, página 94:

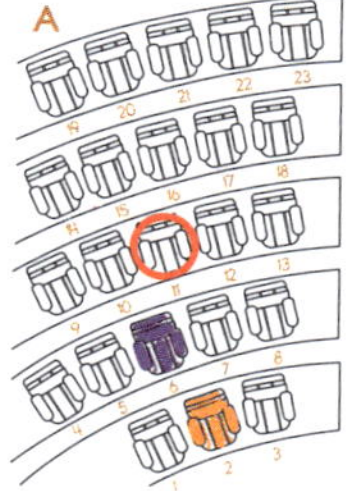
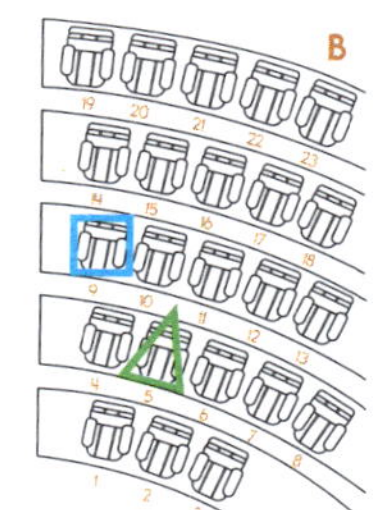

Extra, página 95: 1. C, África; 2. A, Amércia del Norte; 3. D, Europa; 4. B, América del Sur; 5. E, Asia; 6. G, Antártida; 7. F, Australia

SECCIÓN III

Día 1/Página 99: 1. Posibles respuestas: Las figuras son similares porque ambas tienen cuatro lados y cuatro esquinas. Las figuras son diferentes porque los lados del cuadrado son todos iguales y los lados del rectángulo no son iguales. 2. Posibles respuestas: Las figuras son similares porque ambas son bidimensionales. Las figuras son diferentes porque el triángulo tiene tres lados y el cuadrado tiene cuatro lados. 3. Posibles respuestas: Las figuras son similares porque ambas no tienen lados. Las figuras son diferentes porque el círculo es redondo y el óvalo no es redondo.; 4. Posibles respuestas: Las figuras son similares porque ambas tienen cuatro lados iguales. Las figuras son diferentes porque el cuadrado tiene esquinas rectas y el rombo no; 5. are; 6. spots; 7. sees; 8. dance; 9. drops; 10. gather; 11. hear; 12. B; 13. C; Las respuestas variarán. Posibles respuestas: 14. Although; 15. and; 16. Whether; 17. but; 18. until; 19. because

Día 2/Página 101:

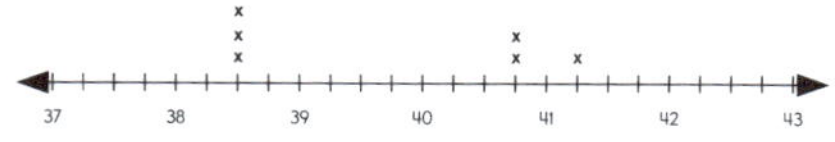

1. tries; 2. happiness; 3. sitting; 4. hopped; 5. smiled; 6. sliding; 7. lying; 8. puppies; 9. 35 pies cuadrados; 10. 160 pies cuadrados; 11. 72 pies cuadrados; 12. 15 pies cuadrados; Los escritos de los estudiantes variarán.

Día 3/Página 103: 1. 365; 2. 577; 3. 575; 4. 893; 5. 696; 6. 646; 7. 634; 8. 343; 9. 252; 10. 225; 11. 716; 12. 840; 13. 819; 14. 649; 15. 739; 16. F; 17. N; 18. P; 19. F; 20. N; 21. N; 22. P; 23. P; 24. A; 25. C; 26. A

Día 4/Página 105: 1. Los alumnos deben dividir el cuadrado en 4 partes iguales, $\frac{1}{4}$.; 2. Los alumnos deben dividir el rectángulo en 6 partes iguales, $\frac{1}{6}$.; 3. Los alumnos deben dividir el círculo en 3 partes iguales, $\frac{1}{3}$.; 4. Is that man Gary's father?; 5. Can she ride her new bike?; 6. Will I ride the black horse?; 7. paw; 8. math; 9. bison; 10. hand; 11. race

Día 5/Página 107: 1. $8 \times 4 = 32$ unidades cuadradas; 2. $6 \times 2 = 12$ unidades cuadradas; 3. $5 \times 3 = 15$ unidades cuadradas; 4. $10 \times 5 = 50$ unidades cuadradas; 5. I; 6. E; 7. E; 8. E; 9. D; 10. I; 11. Watch out!; 12. I had a great day!; De izquierda a derecha: pink, purple, white, orange, yellow; 13. faster, fastest; 14. tall, taller; 15. cold, coldest; 16. brighter; 17. deep, deepest; 18. kinder, kindest

Día 6/Página 109:

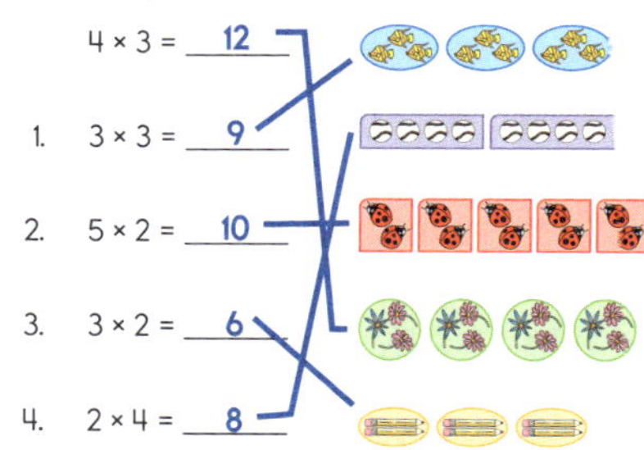

5. IM; 6. IM; 7. E; 8. IM; 9. IM; 10. D; 11. I; 12. E; 13. A; 14. 3, 1, 2, 4

Día 7/Página 111: 1. 5; 2. 25; 3. 12; 4. 0; 5. 4; 6. 20; 7. 15; 8. 1; 9. 10; 10. 7; 11. 8; 12. 6; 13. 9; 14. 0; 15–18. Las respuestas variarán.; 19. noun; 20. 2. a bud or a seed; 21. after; 22. Las respuestas variarán.; 23. birds; 24. school supplies; 25. animals; 26. drinks

Día 8/Página 113: 1. $3 \times 4 = 12$ flores; 2. $4 \times 5 = 20$ piezas; 3. $3 \times 2 = 6$ popotes; 4. $4 \times 4 = 16$ sillas; 5. them; 6. their; 7. them; 8. his; 9. it; 10. her; 11. She got up late today.; 12. She missed the bus.; 13. Las respuestas variarán.; Los escritos de los estudiantes variarán.

Día 9/Página 115:

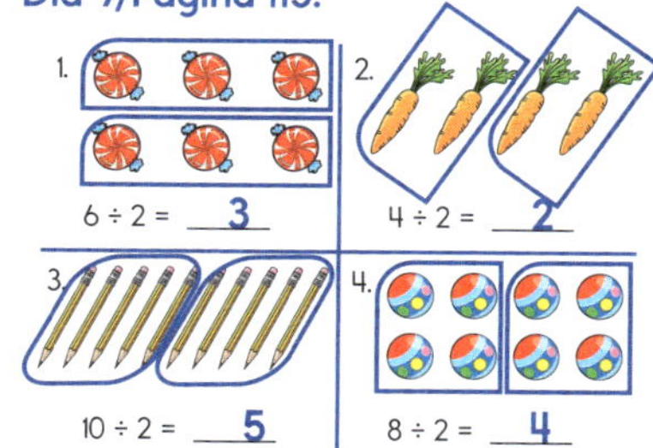

5. C; 6. S; 7. CX; 8. S; 9. CX; 10. C; 11. *Lauren is very busy in the summer.*; 12. eight o'clock; 13. She helps him work in the garden.; 14. Las respuestas variarán, pero pueden incluir: swimming, playing soccer, reading, playing with friends, and riding her bike.; 15. more joyfully; 16. latest; 17. more softly; 18. farthest; 19. most brightly; 20. more carefully

Día 10/Página 117: 1. >; 2. <; 3. >; 4. >; 5. >; 6. <; 7. My Ride on a Donkey; 8. The Day I Missed School; 9. Fun, Fabulous Pets; 10. A Fire Drill; 11. My Summer Job; 12. 24; 13. 18; 14. 18; 15. 30; 16. 48; 17. overjoyed, happy; 18. cross, furious; 19. large, gigantic

Día 11/Página 119: 1. 6; 2. 6; 3. 7; 4. 9; 5. 7; 6. 7; 7. 9; 8. 9; **Mom, Dad,** and **I** went camping last week. We went with Uncle **Seth** and Aunt **Kay**. We had fun. Dad and **Uncle Seth** climbed on rocks. Aunt **Kay** and I saw a chipmunk. We all hiked on exciting trails. There was only one problem. **Mom, Dad,** and **I** did not bring sweaters. Dad said that it would be warm in the desert. He was wrong. At night, it was very cold. **Uncle** Seth and **Aunt Kay** had sweaters. Mom, **Dad,** and I stayed close to the fire. Next time, we will bring warmer clothes.; 9. Dad thought that it would be warm in the desert.; 10. The story is told from a child's point of view.; 11. They stay close to the fire.; 12. realidad; 13. fantasía; 14. realidad; 15. fantasía; 16. 7; 17. 18; 18. 28; 19. 9; 20. 5; 21. 7; 22. 7; 23. 5; 24. 36; 25. 10

Día 12/Página 121: 1. $\frac{5}{1}$; 2. $\frac{11}{1}$; 3. $\frac{24}{1}$; 4. $\frac{9}{1}$; 5. 4; 6. 8; 7. 12; 8. 5; 9. "Did you know that Reid lives in Dallas, Texas?"; 10. "Mr. Jarvis is my neighbor," said Grandma.; 11. "Is Caleb's birthday in April?" asked Sasha.; 12. "My mother and I shop at Smith's Market," I added.; 13. "What is your favorite month of the year?" asked Rosie.; 14. B; 15. The author gives the information in time order.; 16. It was bright yellow.; 17. She was the first woman to fly alone across the Atlantic Ocean.; 18. She decided to fly around the world. Her plane was lost over the Pacific Ocean.

Día 13/Página 123: Las respuestas variarán. Posibles respuestas: 1. Go ahead and tell me, I'm all ears.; 2. You can tell from Mom's garden that she has a green thumb.; 3. Hurry up! It's time to get the ball rolling.; 4. I know it's only 8:00, but I think it's time for me to hit the hay.; 5. Where do birds live?; 6. My sister works very hard.; 7. She can swim like a fish./Can she swim like a fish?; 8. Why is grass green?; 9. Fish live in water.; 10. When can we go to the park?; 11. Why did she go to the store?; 12. What is his name?; 13. I love to play basketball.; 14. B

Día 14/Página 125: 1. Los estudiantes deben marcar $\frac{1}{2}$ y $\frac{3}{6}$ en las líneas numéricas.; 2. Los alumnos deben marcar $\frac{2}{3}$ y $\frac{4}{6}$ en las líneas numéricas.; 3. Los alumnos deben marcar $\frac{3}{4}$ y $\frac{6}{8}$ en las líneas numéricas.; 4. Cada par de fracciones mostrado es equivalente. Respuestas posibles: 5. Dad is teaching Omar how to mow the lawn, but Nabil is too young.; 6. Hannah feeds the cats each morning, or they meow until she wakes up.; 7. It is supposed to snow on Tuesday, so I'm hoping school is canceled.; 8. Beatrix just joined the swim team, and her first swim meet is in July.; 9. 26; 10. 31; 11. 15; 12. 21; 13. 50; 14. 42; Los escritos de los alumnos variarán.

Día 15/Página 127:

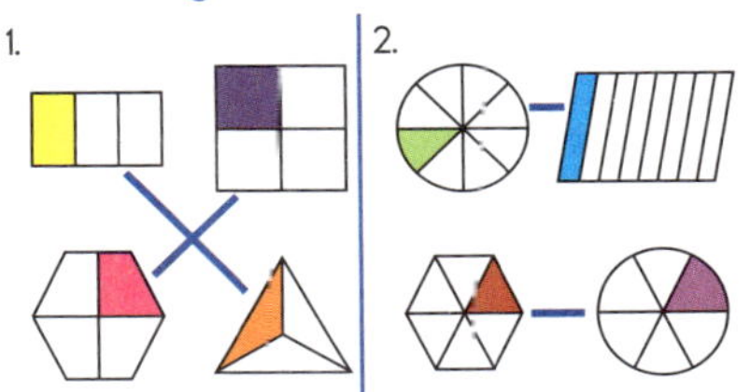

3. is very busy; 4. quit, be done; 5. study, read; 6. told the news/secret; 7. likes to stay up late; 8. C; 9. all citizens over the age of 18; 10. 1920; 11. Adults of all races were given the right to vote.; 12. People can help decide who serves in the government and what kinds of laws are passed.

Día 16/Página 129:

Colorea un tercio.	1. Colorea dos cuartos.	2. Colorea tres sextos.
$\frac{1}{3}$	$\frac{2}{4}$	$\frac{3}{6}$
3. Colorea un sexto.	4. Colorea un cuarto.	5. Colorea cinco octavos.
$\frac{1}{6}$	$\frac{1}{4}$	$\frac{5}{8}$
6. Colorea tres cuartos.	7. Colorea unamitad.	8. Colorea dos tercios.
$\frac{3}{4}$	$\frac{1}{2}$	$\frac{2}{3}$

The earth has many mountains, rivers, lakes, oceans, and continents. The Andes, the Rockies, and the Urals are mountain ranges. The Amazon, the Nile, and the Hudson are rivers. Lake Erie, Lake Ontario, and Lake Huron are three of the Great Lakes. The Pacific, the Atlantic, and the Arctic are oceans. Europe, Asia, and Africa are continents. New Zealand, Greenland, and Iceland are islands.; 9. Travis; 10. Keisha; 11. Lamar; 12. Mrs. Travers; 13. Sadaf; 14. viernes; 15. 5; 16. 26; 17. viernes

Día 17/Página 131: Los escritos de los alumnos variarán.; 1. Bobby has a dog named Shadow.; 2. Do bluebirds eat insects?; 3. Can I borrow your video game?; 4. My name is Nikki.; 5. ground; 6. trees; 7. window; 8. cow; 9. cat

Día 18/Página 133: 1. perros calientes y papas fritas; 2. tazones de fruta; 3. 20; 4. 10; 5.–7. Las respuestas variarán; Los estudiantes deben trazar una línea entre $\frac{1}{2}$ y $\frac{2}{4}$, $\frac{4}{6}$ y $\frac{2}{3}$, $\frac{4}{4}$ y $\frac{1}{1}$, $\frac{1}{3}$ y $\frac{3}{9}$.; Los escritos de los estudiantes variarán.

Día 19/Página 135: 1. abril, junio y julio; 2. 4.5 pulgadas; 3. Febrero; La escritura de los alumnos variará.; 4. 5; 5. 1; 6. 4; 7. 2; 8. 3; La escritura de los alumnos variará.

Día 20/Página 137: 1. 2; 2. 16; 3. Beth; 4. Sue y Lori; 5. Danny; noun; pronoun; adjective; verb; verb; adjective; 6. B; 7. win the play-off game; 8. A; 9. It means that Austin's face turned red because he was embarrassed.

Extra, página 139: 1. Parece que se mezclan.; 2. Se separan.

Extra, página 141: 1. A; 2. C; 3. F; 4. H; 5. E; 6. G; 7. B; 8. I; 9. D

Extra, página 142: 1. México; 2. Canadá; 3. Estados Unidos de América; 4. Canadá; 5. Estados Unidos de América; 6. México; 7. Estados Unidos de América; 8. México; 9. Estados Unidos de América; 10. Estados Unidos de América; Los hechos variarán.

Extra, página 143: 1. gobierno; 2. democrático; 3. ciudadanos; 4. presidente; 5. Congreso; 6. leyes; 7. primer ministro; 8. Los escritos de los estudiantes variarán.

noun
pronoun
verb
adjective
adverb
noun
pronoun
verb
adverb
© Carson Dellosa

The dog went inside.

© Carson Dellosa

The house is small.

© Carson Dellosa

He moves quickly.

© Carson Dellosa

Give her the book.

© Carson Dellosa

He moves quickly.

© Carson Dellosa

The house is small.

© Carson Dellosa

The frog happily jumped.

© Carson Dellosa

Give her the book.

© Carson Dellosa

The frog happily jumped.

© Carson Dellosa

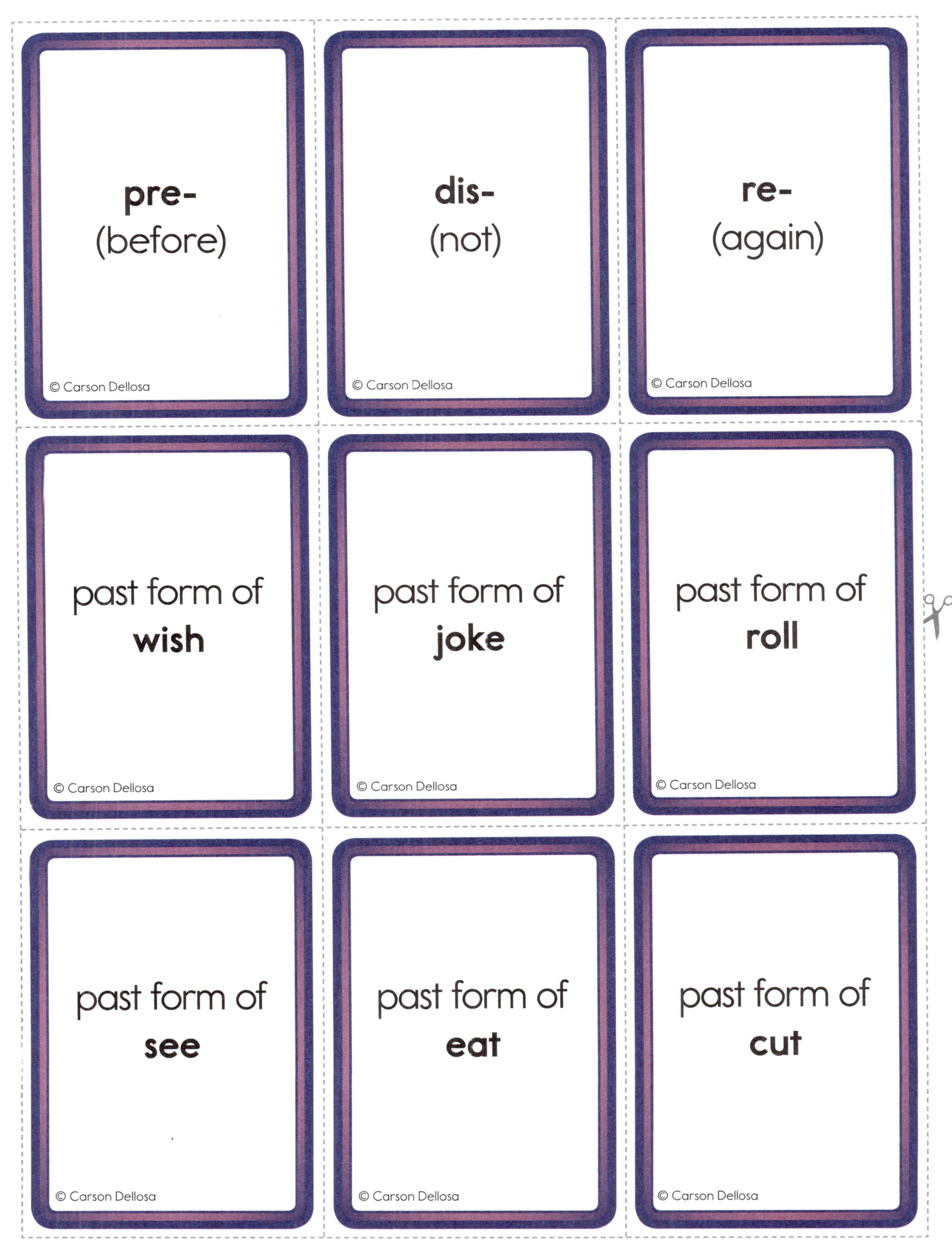

pre-
(before)

dis-
(not)

re-
(again)

past form of
wish

past form of
joke

past form of
roll

past form of
see

past form of
eat

past form of
cut

© Carson Dellosa

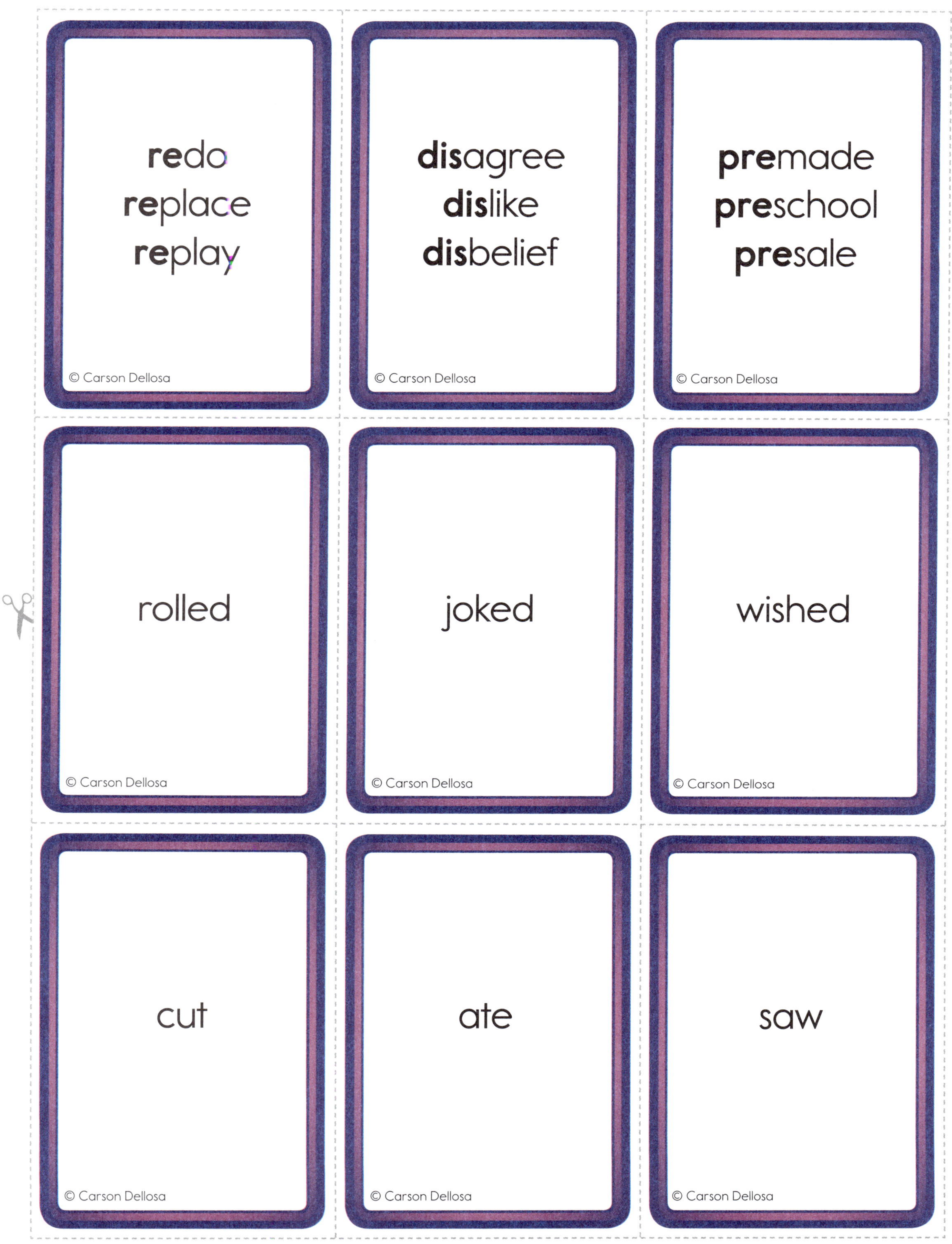

redo
replace
replay
© Carson Dellosa

disagree
dislike
disbelief
© Carson Dellosa

premade
preschool
presale
© Carson Dellosa

rolled
© Carson Dellosa

joked
© Carson Dellosa

wished
© Carson Dellosa

cut
© Carson Dellosa

ate
© Carson Dellosa

saw
© Carson Dellosa

3
× 3
© Carson Dellosa

6
× 2
© Carson Dellosa

1
× 5
© Carson Dellosa

5
× 2
© Carson Dellosa

7
× 3
© Carson Dellosa

2
× 3
© Carson Dellosa

9
× 2
© Carson Dellosa

4
× 2
© Carson Dellosa

8
× 8
© Carson Dellosa

1
× 5
5
© Carson Dellosa

6
× 2
12
© Carson Dellosa

3
× 3
9
© Carson Dellosa

2
× 3
6
© Carson Dellosa

7
× 3
21
© Carson Dellosa

5
× 2
10
© Carson Dellosa

8
× 8
64
© Carson Dellosa

4
× 2
8
© Carson Dellosa

9
× 2
18
© Carson Dellosa

2
× 2
© Carson Dellosa

8
× 2
© Carson Dellosa

3
× 9
© Carson Dellosa

9
× 9
© Carson Dellosa

5
× 5
© Carson Dellosa

7
× 2
© Carson Dellosa

1
× 8
© Carson Dellosa

8
× 5
© Carson Dellosa

4
× 6
© Carson Dellosa

3
× 9
27

8
× 2
16

2
× 2
4

7
× 2
14

5
× 5
25

9
× 9
81

4
× 6
24

8
× 5
40

1
× 8
8

© Carson Dellosa

6
× 6
© Carson Dellosa
1
× 4
© Carson Dellosa
7
× 5
© Carson Dellosa
4
× 4
© Carson Dellosa
6
× 4
© Carson Dellosa
2
× 6
© Carson Dellosa
5
× 7
© Carson Dellosa
9
× 5
© Carson Dellosa
3
× 4
© Carson Dellosa

7
× 5
35
© Carson Dellosa

1
× 4
4
© Carson Dellosa

6
× 6
36
© Carson Dellosa

2
× 6
12
© Carson Dellosa

6
× 4
24
© Carson Dellosa

4
× 4
16
© Carson Dellosa

3
× 4
12
© Carson Dellosa

9
× 5
45
© Carson Dellosa

5
× 7
35
© Carson Dellosa

2)5
1)2
2)8
1)3
3)3
3)9
4)4
4)12
5)10
© Carson Dellosa
© Carson Dellosa
© Carson Dellosa
© Carson Dellosa
© Carson Dellosa
© Carson Dellosa
© Carson Dellosa
© Carson Dellosa
© Carson Dellosa

© Carson Dellosa

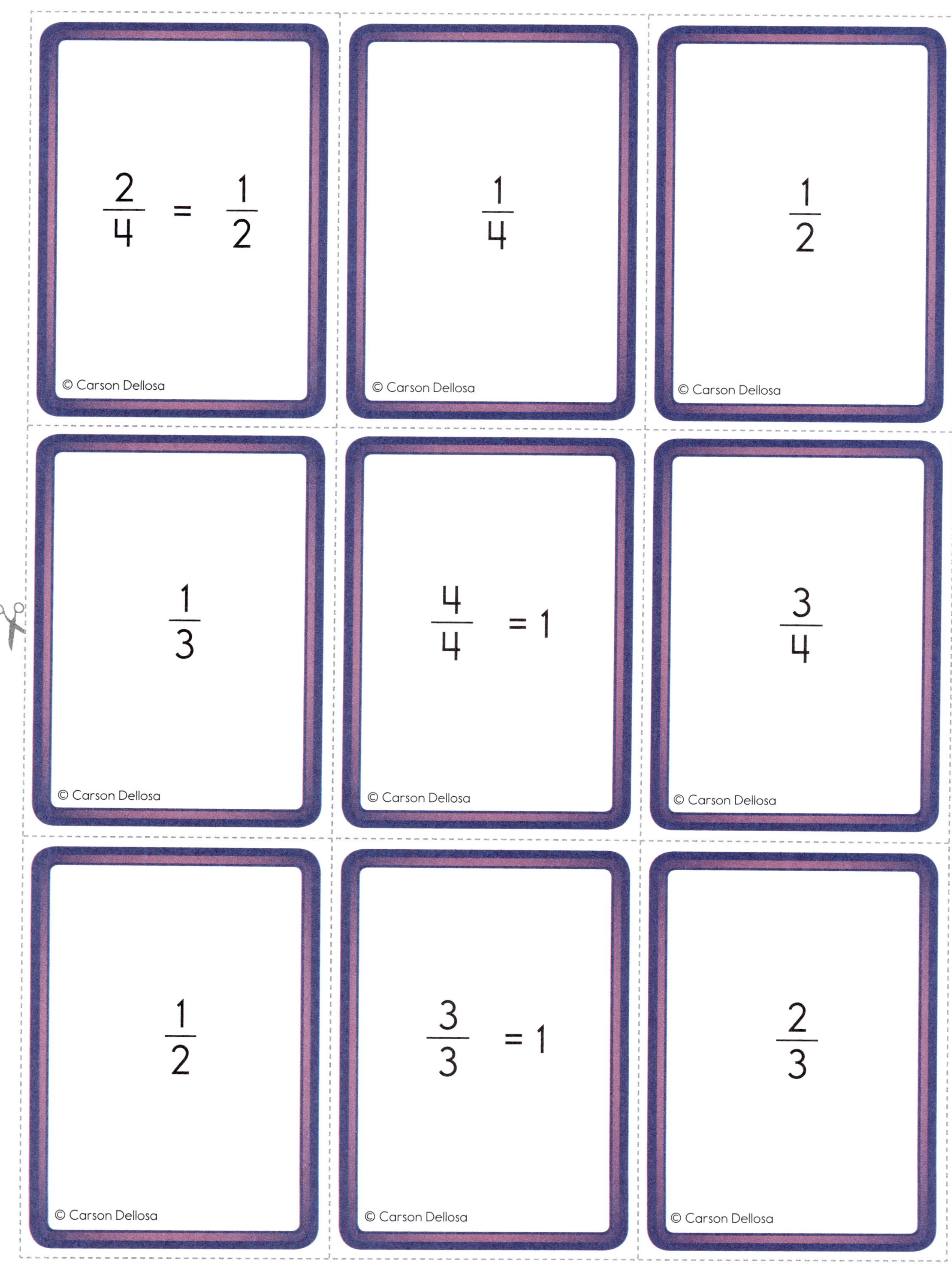

2/4 = 1/2
1/4
1/2
1/3
4/4 = 1
3/4
1/2
3/3 = 1
2/3
© Carson Dellosa

Summer Bridge ACTIVITIES
PARA HISPANOHABLANTES
¡Felicitaciones!
Se certifica que
Nombre
ha completado Summer Bridge Activities® para Hispanohablantes.
Firma del padre o madre